AS CONSTRUÇÕES DO UNIVERSAL

PSICANÁLISE, FILOSOFIA

Monique David-Ménard

AS CONSTRUÇÕES DO UNIVERSAL

PSICANÁLISE, FILOSOFIA

Companhia de Freud
editora

TÍTULO ORIGINAL
LES CONSTRUCTIONS DE L'UNIVERSEL
Psychanalyse, philosophie

EDITORAÇÃO ELETRÔNICA
FA - Editoração Eletrônica

TRADUÇÃO
Celso Pereira de Almeida

REVISÃO TÉCNICA
Sandra Regina Felgueiras

ILUSTRAÇÃO DE CAPA
Hylas and the Water Nymphs by
JW Waterhouse, Canvas, c. 1890

FICHA CATALOGRÁFICA

D249c

David-Ménad, Monique.

As construções do universal : psicanálise, filosofia / Monique David-Ménard ; [tradução Celso Pereira de Almeida]. - Rio de Janeiro : Companhia de Freud, 1998.

128 p. ; 23 cm.

ISBN 85-85717-19-X

Tradução de: Les constructions de l'universel.

1. Universais (Filosofia). 2. Sexo - Diferenças (Psicologia). 3. Psicanálise. I. Título.

CDD - 111.2

Companhia de Freud
editora

ENDEREÇO PARA CORRESPONDÊNCIA
Rua Visconde de Pirajá, 547 - Sala 702
Cep 22415-900 - Ipanema - Rio de Janeiro
Tel.: (021) 540-7954 – Telefax: (021) 239-9492
email: tereza@ism.com.br

A Jean-Pierre Lefranc
e
Véronique Lacoudre

ÍNDICE

INTRODUÇÃO

O conceito de universal que organiza uma boa parte da nossa lógica, da nossa filosofia política, da nossa moral, da nossa própria concepção da diferença dos sexos não somente é mais complexo do que se diz geralmente, mas também confuso. Ele reúne aspectos heterogêneos sem o dizer nem justificar esta ligação; às vezes ele se redefine num terreno dito fundamental como o da lógica sem poder levar em consideração sua necessária reforma em outros, às vezes, enfim, como é o caso da teoria lacaniana da sexuação, ele procura transformar-se para dar conta de uma realidade paradoxal como a da diferença dos sexos, mas restando sempre tributário da confusão prévia que se vem de evocar.

Neste livro, critico o conceito de universalidade sob diversos pontos de vista, sem no entanto pretender absolutamente substituí-lo de modo sistemático por outra coisa. Quando quadros fundamentais do pensamento estão em crise, não é por um acaso que esta crise pode se transformar e, por outro lado, as obscuridades e inconseqüências da noção de universalidade devem, sem dúvida, levar-nos a considerar de outra forma a concepção universal do homem como uma construção da qual somente se começa a ver aquilo que lhe dá a necessidade e o caráter às vezes ilusório. Trata-se de fato, como dizia Nietzsche em *Aurora*, de mudar nossa maneira de sentir: "Devemos mudar nosso modo de julgar – a fim de chegar finalmente, e talvez muito tarde, a ainda melhor: mudar nosso modo de sentir." Desejo contribuir para que, pela avaliação de alguns pontos frágeis no uso do conceito de universal, comecemos a sentir do que ele é feito.

Neste trabalho paciente, freqüentemente terno com as construções de pensamento fundadas sobre a noção de universalidade, freqüentemente violento também, a psicanálise desempenha, como de hábito no que escrevo, o papel de instrumento crítico, porque ela mostra como é que se emaranham conceitos e fantasmas no pensamento filosófico, mas ela também toma parte no problema de que trata, já que a diferença dos sexos é uma questão que coloca em crise a noção de universalidade. Portanto, se me perguntarem se sou feminista: eu efetivamente me apóio na estrutura de certos sonhos de mulheres para mostrar que a substituição dos objetos de desejo não se efetua aí como na sexualidade masculina, que a experiência da culpabilidade, que aí opera, difere nos homens e nas mulheres, e que a construção do conceito de universalidade, pelo menos em Kant, mas também em muitos outros pensadores, é solidária de sua ligação com uma antropologia dos desejos e com uma análise muito particular e bem mais masculina – da experiência de culpa. Não quero com isso dizer que as mulheres não têm relação com o universal, nem que elas seriam votadas por natureza a um pensamento da particularidade. Entretanto, não é absolutamente uma coincidência, não mais, se são leitoras de Kant, e não leitores, que fazem aparecer o que, nos próprios fundamentos de seu pensamento sobre o universal, resta como "evidência" mal-justificada, uma construção conceitual tributária de uma antropologia declinada no masculino. Pois os pontos cegos de um pensamento melhor aparecem para aqueles que aí não estão incluídos(as). Isto não significa que uma antropologia tributária de uma posição feminina seja mais verdadeira que o pensamento kantiano, sadiano ou lacaniano, nem que os modos de acesso ao conceito que ela autoriza sejam mais verdadeiros ou mais rigorosos, somente são outros, mas é muito importante fazê-los aparecer. Os pares fundamentais do pensamento conceitual são atravessados pela questão da sexuação dos sujeitos pensantes como por mitos. Vê-se com dificuldade, finalmente, por que os filósofos aceitam tão mal que a construção dos conceitos seja tributária dos fantasmas pelos quais um pensador se define como sexuado, embora eles digam que aceitam que a filosofia sempre tenha a ver com mitos, de que os conceitos se separam, certamente, mas nunca de maneira simples. Pois a questão da sexuação no pensamento forma mitos necessários, que estão ligados às oposições fundamentais a partir das quais tomam forma os problemas filosóficos: sensível e inteligível, particular e geral contam-se entre estas oposições de base, que inauguram um modo de interpretação do real que se nomeia de filosófico. Se mulheres, ou se certos homens que não são classicamente homens têm representações do masculino e do feminino que não se deixam naturalmente transformar nestes pares de opostos que presidiram o nascimento do pensamento filosófico, este último pode ser conduzido a mudar, sem que se possa *a priori* prever como, porque as vias de passagem entre as organizações fantasmáticas e os conceitos não estão fixados nem numa essência nem numa natureza. Os mitos mudam lentamente, as representações do masculino e do feminino também e, portanto, o que no pensamento filosófico é tributário destas representações, igualmente. Tal é a orientação do que se chamará, se se quiser, meu feminismo, mas que muitas feministas não reconhecerão como tal. Pois não faço do feminino uma verdade superior ao masculino. Um fantasma pelo qual se define uma identidade sexual é um pensamento que só tem valor por seu endereçamento, não por seu conteúdo; através de um fantasma ou de um sonho como esses que figuram neste livro, nós nos forjamos uma identidade que só se sustenta por relação a interlocutores, ao mesmo tempo imaginários e reais, que serão outros ou idênticos a nós. Um fantasma não é mais verdadeiro que outro, ele é somente diferente, e no entanto é pensamento, e estabelece relações com pensamentos constituídos de outra maneira que ele, de acordo com outras regras. Estes são os aspectos do pensamento que desejo fazer aparecer a propósito do conceito de universalidade.

Sinopse

Esta obra mostra que as confusões que afetam o conceito de universal estão ligadas às fontes antropológicas ou fantasmáticas deste conceito. O primeiro capítulo indica o que a expressão universal "para todo homem" deve a uma antropologia na qual os objetos de desejos aos quais se deve renunciar são reputados equivalentes ao nome mesmo desta renúncia transformada em ideal. Ele se apóia na análise de um sonho feminino no qual a substituição de um objeto de desejo por um outro segue uma outra via.

O segundo capítulo, retomando deste ponto de vista o problema aberto por Lacan em "Kant com Sade", estabelece de que maneira Sade, ao colocar no lugar do incondicionado um termo empírico – o prazer do libertino – e não mais um termo transcendental como a lei, faz aparecer o que não aparecia em Kant, a saber, a relação necessária entre três termos: dois universais seriais – "todo objeto patologicamente determinado" e "todo homem" – e uma função de incondicionalidade.

O terceiro capítulo avalia a coerência e a consistência do pensamento de Sade e mostra que ele desloca, mais do que resolve, os paradoxos que habitam a noção de universalidade.

O quarto capítulo esboça uma teoria da arte como processo através do qual um pensamento se destaca das condições subjetivas que o motivaram, o que permite reavaliar aquilo que distingue a filosofia da arte: a filosofia se constitui como filosofia tornando indistintos mas não inexistentes nos textos os traços da sublimação de que ela mesma é a obra, enquanto que a arte materializa os traços e os dá a contemplar.

O quinto capítulo estuda de que maneira Lacan, também ele, recorreu ao universal para pensar a relação dos sexos. Para fazer isto, ele tomou de empréstimo à filosofia o nome de Frege, mas reproduzindo a junção, praticada por Kant, entre uma antropologia masculina dos desejos e uma lógica do universal.

A conclusão avalia o grau de interdependência entre uma posição de desejo feminina e uma definição do pensamento como processo sublimatório que possa evitar as confusões que afetam o conceito de universalidade.

CAPÍTULO I

"Tão Freqüentemente Quanto se Queira..."
As estruturas de desejo e o conceito de universal

O homem dos direitos do homem

A visão moral do mundo que Hegel criticava vigorosamente, a que repousa sobre a confrontação da materialidade dos nossos atos com um imperativo incondicionado e que define o humano pela universalidade da relação à lei, primeiramente moral e jurídica a seguir, parece ser, ao final do século XX, uma inigualada muralha contra a violência humana e os conflitos nacionais e internacionais; retorna-se à moral kantiana e à filosofia dos direitos do homem, se diz, apesar das críticas filosóficas que pareciam ter demonstrado disto o caráter ilusório, pois abstrato: Hegel desmontou a lógica desta abstração que não pode senão se travestir constantemente pois ignora o verdadeiro teor do agir humano, Nietzsche fez ouvir o bafio de crueldade que anima, nem mesmo secretamente, o imperativo categórico kantiano e, mais perto de nós, Lacan colocou em paralelo Sade e Kant, o que é dizer que mostrou que o formalismo do imperativo do gozo pode reclamar, do mesmo modo que o imperativo moral, a universalidade requerida pela idéia jurídico-política do humano. Nestes debates, os filósofos kantianos ou os mantenedores de uma ética dos direitos do homem fazem sempre aparecer o que há de redutor e de caricatural nas tentativas de abater a concepção moral do homem, o que há de perigoso também no definir um homem pretensamente concreto, pois situado num conflito de classes, porque esse homem não é menos abstrato, nem menos irreal que o homem universal dos direitos do homem. Mas os críticos do formalismo da moralidade retrucam que é urgente renunciar a uma concepção da razão universal que abriga e cobre todas as potências do mal, já que ela ignora a violência de que se tece. Este debate toma a forma de um conflito antinômico em que cada parte acredita arruinar a outra enquanto que a parte adversária também o faz, de modo que o resultado é nulo, um por toda parte se poderia dizer.

Mudar de objeto

Talvez seja preciso deslocar-se um pouco para compreender em que círculo giram os partidários e os adversários de uma concepção universal do humano: antes de constituir uma filosofia da moralidade, em 1764, Kant sublinhava que metade da humanidade ignora a relação com a lei, que as mulheres não têm o sentido do sublime que leva à constância dos princípios do agir, que nunca é por respeito para com a lei que elas são morais, quando o são. Ele acrescentava que, quando uma mulher é moral, é porque ela acha bela a moralidade, o que não pode senão desagradar, mesmo que ele se deixe fascinar, o homem da moralidade. "A virtude da mulher é uma bela virtude. A do sexo masculino deve ser uma virtude nobre. As mulheres evitam o mal, não porque o mal é injusto, mas porque é feio, e ações virtuosas significam para elas aquelas que são moralmente belas. Nada nelas é da alçada do dever, nada da necessidade, nada da culpabilidade. A mulher é refratária a todo comando, e a todo constrangimento que a tornaria rabugenta. As mulheres não realizam tal ato senão porque isso também lhes agrada, e toda arte aqui consiste em fazer com que lhes agrade unicamente o que é bom. É difícil para mim acreditar que o belo sexo seja capaz de princípios ..."[1] O dado aqui é claro: se a moralidade é empiricamente rara nos homens e nas mulheres, esta aparente equivalência não deve mascarar uma diferença radical. Os homens são constituídos pela confrontação da máxima de seus atos com um imperativo incondicionado que atravessa e transita por todos os seus interesses sensíveis. Este sacrifício possível do patológico em proveito de uma exigência de pura forma não teria sentido senão para os homens? Se se trata de um dito espirituoso, poder-se-ia dizer que esse dito espirituoso enunciava uma verdade sobre a qual a seguir os filósofos – e o próprio Kant – teriam se esquecido de interrogar-se mais adiante. Deixemos a Kant a idéia, que é um fantasma masculino às voltas com a feminilidade, de que se as mulheres ignoram a obrigação moral é porque elas só apreciam o belo e retomemos, sem descartá-la por uma inversão de mão, a primeira parte de sua afirmação: a moralidade é

---

[1] E. Kant, *Observações sobre o sentimento do belo e do sublime*, trad. M. David-Ménard, Paris, Garnier-Flammarion, 1990, p. 126.

assunto de homem, uma construção certamente interessante, mas que tem fundamentos numa estrutura do desejo masculino. Para compreendê-lo, é conveniente prestar atenção ao que Freud nomeia a substituibilidade dos objetos das pulsões sexuais, e convém comparar as formas desta substituibilidade nos homens e nas mulheres. Poder-se-á retornar, então, à equivalência dos sujeitos diante da lei que funda a concepção do homem universal.

A clínica psicanalítica e a experiência da vida amorosa mostram que as mulheres não têm a mesma relação com o Soberano Bem e com a culpabilidade que os homens, e isto porque o caráter eminentemente variável dos objetos pulsionais não tem para uma mulher o mesmo destino na substituibilidade. Não se muda de objeto de desejo da mesma maneira quando se é uma mulher, ou identificado a uma mulher, e quando se é um homem ou identificado a um homem. Compreendamos bem esta diferença: a variabilidade do objeto de uma pulsão, que pode mudar, como escrevia Freud, tão freqüentemente quanto se queira, vale para os homens e para as mulheres. Mas a unicidade desta formulação geral recobre em cada sexo processos pulsionais e sublimatórios diferentes. Freud, além disso, convida a conceber a multiplicidade das funções possíveis do objeto, e por aí também a diversidade dos modos de substituição possíveis de um objeto a outro: "O objeto (*Objekt*) da pulsão é o que ou aquilo pelo que a pulsão pode atingir seu alvo. É o elemento mais variável da pulsão, ele não lhe está ligado de origem, não lhe é adjunto senão por sua capacidade própria de tornar possível a satisfação. Não é necessariamente um objeto (*Gegenstand*) estranho, pode ser também uma parte do corpo próprio. Ele pode mudar no curso da vicissitude da vida pulsional tão freqüentemente quanto se queira; das funções mais importantes se incumbe este deslocamento da pulsão ligado a seu objeto. Pode-se dar que o mesmo objeto (*Objekt*) sirva ao mesmo tempo à satisfação de várias pulsões, é a isto que Alfred Adler denomina de entrelaçamento pulsional. Evidenciamos enquanto fixação da pulsão uma ligação particularmente íntima desta ao objeto. Esta última se realiza freqüentemente em períodos muito precoces do desenvolvimento pulsional e põe fim à mobilidade da pulsão, opondo uma resistência intensa à separação."[2]

Este texto foi freqüentemente comentado, foi também ocasião de contra-sensos decisivos, como aquele que Lacan comete quando substitui a idéia de que o objeto pode mudar tão freqüentemente quanto se queira por essa outra

---

[2] S. Freud, *Gesammelte Werke*, t. X, Frankfurt am Main, Fischer Verlag, 1946, p. 215.

idéia de acordo com a qual o objeto não tem nenhuma importância[3]. Este contra-senso leva Lacan na direção de um modelo perverso da realização pulsional, isto é, na direção de "Kant com Sade". Ou, mais exatamente, é a idéia de que o perverso realiza melhor aquilo que um circuito pulsional permite, ao fazer a volta a um objeto indiferente por si mesmo, que conduz Lacan a inventar, ao ler Freud, um outro texto. Certamente não é desprovido de pertinência observar que o homem do sublime e da moralidade, o homem kantiano, que coloca o patológico no ritmo da constância dos princípios que a ação reivindica, se parece com o homem sadiano no que justamente a variabilidade dos objetos pulsionais é interpretada por um e pelo outro como uma indiferença – indiferença aos olhos do reino exclusivo dos interesses do gozo para Sade, indiferença no respeito pela lei moral que relega todos os interesses sensíveis numa não-pertinência aos olhos do imperativo para Kant. Observemos ainda que a variabilidade do objeto interpretada como indiferença, ou como indiferenciação, pode fazer pensar também em Don Juan, que torna sucessivamente indiferente cada mulher, para que ela não tome muito rapidamente os traços de uma Elvira ou de um espectro que viria lhe pedir contas sobre seu gozo.

Mas o tema da variabilidade dos objetos pulsionais segundo Freud abre muitas outras possibilidades. Não o fosse senão por sua última frase, que é de uma sutileza temível: a fixação precoce de uma pulsão a um objeto, é dito, bloqueia a mobilidade pulsional resistindo à sua *Lösung*: este termo designa tanto a dissolução do laço exclusivo a um objeto precoce quanto a resolução de uma pulsão pela experiência de prazer que desnodula momentaneamente a tensão pulsional. Não poder abandonar certos objetos e não poder encontrar objetos que permitam o prazer, pois eles são todos substitutivos, representam portanto dois aspectos de uma mesma fixação. Mas o interessante para o propósito aqui recortado é que a possibilidade do prazer se liga à possibilidade de renunciar a certos objetos sem que para tanto a separação exija necessariamente uma indiferenciação dos objetos.

A culpabilidade no feminino: um pesadelo

Tomemos um exemplo: no momento de ter, talvez, que renunciar ao amor de um homem que dela se afasta e que ela espera, uma mulher, na véspera do dia em que terá um encontro com esse homem, faz o seguinte sonho: está

[3] J. Lacan, *O Seminário,* livro XI: *Os quatro conceitos fundamentais da psicanálise*, Paris, Seuil, 1973, p. 153. Sobre este ponto cf. M. David-Ménard, *A histérica entre Freud e Lacan. Corpo e linguagem em psicanálise*, Paris, 1983, p. 205.

numa fila de espera com sua filha; reina nesse lugar uma atmosfera penosa, que ela descreve com a expressão "ir para o matadouro". Por um momento, ela deixa este lugar para dar umas voltas no bairro animado da cidade, tomando de empréstimo para fazer isto um belo carro. Mas se dá conta, então, de que não está mais com sua filha que, já que vai morrer, ela não deveria ter deixado, de que ao partir se impede de aproveitar estes últimos momentos de vida com sua filha. A mulher acorda horrorizada com este pesadelo, com o sentimento de que experimentara exatamente o que os judeus sentiam durante a guerra ao se darem conta de que iam morrer.

Numerosos laços associativos surgem durante a sessão de análise. Seu amigo recentemente lhe dissera: "Virei ver tua filha". E sua filha, nesses últimos tempos, censurava-a por sair muito à noite. Finalmente, o belo carro a remete às propostas recentes de um outro homem que tem um belo carro, contrariamente àquele que ela espera. Além disso, a espera da morte a reenvia àquilo de que os judeus às vezes são acusados, isto é, de terem ficado passivos durante a última guerra, e isto se relaciona também a uma frase de seu amigo, que se dizia passivo com as mulheres, num dia em que falava de suas relações com outra mulher que não a paciente, outra mulher pela qual justamente ele pode deixá-la, o que provocou esta espera angustiada.

Não se dirá, pela escuta de um tal sonho, que esta mulher ignore a culpabilidade, já que este pesadelo coloca em cena uma espécie de tentativa desesperada de tomar para si a "falta" de um homem. A culpabilidade é mesmo colocada duplamente em cena neste pesadelo: em sua esfera mais radical, o pressentimento de ir a um encontro como quem vai para o matadouro reenvia esta mulher à experiência de desgraça e de humilhação de que a situação dos judeus ameaçados freqüentemente oferece nos sonhos o material significante. Nenhuma subjetivação é possível neste registro, isto é, nenhum ato pelo qual um humano se faria a origem de uma violência é representável, só com o risco de sentir-se culpado ao responsabilizar-se por ele, só também com o risco de se sentir solidário aos outros humanos que se acham elevados, pelo próprio recalcamento dessa violência compartilhada, à universalidade dos sujeitos de uma lei moral. Esta é, com efeito, na sexualidade masculina, a maneira pela qual se constroem em parte a culpabilidade e a relação dos atos com a lei moral. Tal é a tese de Freud, em 1913, em *Totem e tabu*.

Ora, não é assim para esta paciente, e a subjetivação segue outras vias. Por relação à experiência de sofrimento que despertam suas dificuldades presentes, o tema da espera da morte com a acusação de passividade dirigida contra os judeus é a confissão de uma espécie de vergonha radical de existir, que seria preciso comparar ao signo de recusa de ter sido, que faz a personagem Sygne de Coûfontaine em *O refém*, de Claudel, signo para o qual Lacan recentemente conduziu nossa atenção[4]. Mas, no pesadelo dessa paciente, não se significa nenhuma recusa de ter vivido dirigida a um outro, somente uma figuração sem apelo de uma esperança condenada.

Sem apelo? Isto não é absolutamente verdadeiro, porque há neste pesadelo uma outra incidência da culpabilidade, que constitui uma construção subjetiva, a qual tem como efeito limitar o sentimento bruto da desgraça: neste sonho, a paciente conta a ela mesma que é culpada de não estar suficientemente presente ao lado de sua filha ao aproximar-se a morte, e muito preocupada, do ponto de vista dessa filha, com suas relações com homens. De um lado, a culpabilidade não recai mais sobre o próprio ser, neste registro; de outro, a alusão às voltas a fazer permite que se signifique a substituição de um homem que não tem carro por um outro que tem um, e belo. No seio desta espera passiva de uma morte sofrida e não nomeada se faz ouvir uma culpabilidade mais negociável. As censuras dirigidas à mãe remetem a outra coisa que não à espera inexorável de uma morte onde aquela não poderia nem mesmo estar aí com sua filha. Um homem com carro por um homem sem carro, esta substituição de objeto torna possível uma culpabilidade secundária e erotizada. O erotismo ou o pulsional faz borda neste sonho, como geralmente é o caso, a angústia pesando sobre a identidade ameaçada, e se circunscreve bastante bem como é que o pulsional se constitui limitando a pulsão de morte, ao repetir alguma coisa que a desloca. A erotização transforma e sublima a pulsão de morte, sem recalcá-la para falar propriamente, isto é, sem recorrer ao cenário imaginário da falta e da castração que constrói certos humanos a que se chama homens pela correlação entre o "desbastamento" do sofrimento experimentado e a universalização da culpabilidade.

Kant errou, sem dúvida, ao dizer que as mulheres ignoram a culpabilidade, mas não errou ao sentir que elas a vivem diferentemente dos homens: por uma despossessão delas mesmas que não tem outro recurso senão o desse retorno a situações típicas desta espera do pior. A culpabilidade é maciça, ela não se liga à figuração de um desejo de assassinato em que se aboliria a distinção entre si e o outro e entre o ódio e o amor – como é freqüentemente o caso de sonhos de culpabilidade feitos por homens; esta culpabilidade não se apazigua através de nenhuma construção em que o falo viria representar o que se deve perder para que a falta seja aliviada.

---

[4] J. Lacan, *O Seminário*, livro VIII: *A transferência*, Paris, Seuil, 1991, pp. 325-326.

O pesadelo, por si mesmo, dá uma forma à experiência antecipada de uma despossessão que recai sobre o ser da sonhadora, dá um perfil ao horror de um rompimento amoroso ao torná-lo funesto. As mulheres têm uma certa capacidade de viver e de se representar situações sem recurso, nem mesmo o recurso a uma lei que lhes interditaria algo, o único limite à ameaça sendo sua representação agravada. Ora, é no estofo mesmo do sofrimento que desfaz a existência que se tece o cenário erótico: o sorriso que permite à sonhadora emergir do seu pesadelo transforma a culpabilidade; a substituição do homem que parte pelo homem do belo carro é uma invenção que permite a saída do pesadelo no próprio seio da angústia que ele figura. A substituição não torna equivalentes os objetos de desejo, não os relega a uma mesma insignificância aos olhos de uma lei que ampararia o sujeito através de princípios ideais que garantiriam, justamente por sua constância, a indiferença dos objetos a que convém renunciar. Não, nossa sonhadora inventa uma substituição que opõe um objeto a um outro pelo atributo "carro", esta comparação permitindo uma hierarquização dos dois registros da angústia e tornando possível um sorriso no pesadelo, aquilo que eu nomeava de sublimação muito mais que recalcamento. Quando se instaura um recalcamento, a identificação a um ideal "desbasta" os objetos pulsionais, os constitui numa série onde são substituíveis e indiferentes, do ponto de vista justamente da lei que redefine o sujeito. Há sem dúvida uma correlação entre a relegação dos objetos e o efeito de subjetivação de que fala Lacan quando diz que um sujeito é o que representa um significante para um outro significante. Um objeto vale tanto quanto um outro e um significante vale tanto quanto um outro porque o lugar deles somente assegura que o sujeito possa se constituir no eclipse que os conjuga. A oposição entre o belo carro e o homem que não o possui tem uma outra função. O belo carro se ri de uma abolição que não deveria ser pensada aqui como eclipse do sujeito: quando há abolição não há sujeito e, quando há emergência de um sujeito, é por uma derrisão da abolição que não é o eclipse. O belo carro não é um signo – no sentido em que Lacan diz que o signo representa algo para alguém[5], ele também não é mais exatamente um significante pela razão dita acima, é bem mais a figuração de uma outra presença possível que conseqüentemente torna viva a ausência. Um homem com um belo carro no lugar de um homem que se vai, este recurso do sonho não abre para uma serialidade indefinida dos objetos justamente porque este símbolo é símbolo de uma presença possível e de uma ausência daí por diante representável. Um outro objeto é suficiente, não é ne-

[5] J. Lacan, *Seminário XI*, op. cit., p. 144.

cessário para erotizar a angústia que a substituição seja indefinidamente aberta, e a necessidade de passar a um outro não deprecia o objeto em geral: o sonho retém um caráter do objeto que deserta e, sob o modo lúdico da oposição, inventa um recurso possível através do belo carro. Basta que esta operação permita a emergência fora do pesadelo que não é o esquecimento, já que o material que realiza esta emergência permanece referido ao objeto que falta: é neste sentido que não há desbastamento do objeto nem recalcamento da angústia mais radical, mas há uma transformação. Diremos que as mulheres não são sujeitos? Antes colocamos que elas se tornam sujeitos diferentemente dos homens, por um modo específico de sublimação lúdica do que, nos seus desejos, causa sofrimento e culpabilidade.

A culpabilidade em Kant e sua lógica

Este prólogo deve permitir abordar de outro modo a compreensão das morais do imperativo categórico e da transgressão: de outro modo quer dizer disso fazendo um outro destino pulsional que tem sua razão de ser mas que não poderia valer como norma incondicionada de verdade, pois certas afirmações da moral kantiana apresentadas como evidentes racionalmente se revelam obscuras no momento em que se observa que outros destinos da culpabilidade além da moralidade são reais, portanto possíveis, isto é, concebíveis.

Desde 1763 – desde o *Ensaio para introduzir em filosofia o conceito de grandeza negativa* – e de maneira constante nos textos posteriores que definem a relação de nossos atos com a universalidade de uma lei que julga sua máxima, o conceito de culpabilidade em Kant é duplo: a experiência da culpabilidade é primeiramente a experiência de ser surpreendido por um imperativo que funda nossa consciência moral e com relação ao qual nós nos sentimos sempre em falta. A lógica do conflito real (*realer Widerstreit*) pressupõe a oposição de duas forças, efetivas uma e outra: à consciência de nossa determinação pela lei se opõe a consciência de que nossos interesses sensíveis resistem ao imperativo incondicionado da moralidade. As fórmulas de Kant se precisam ao longo de sua obra, confirmando esta mesma linha diretiva. Em 1763, Kant insiste sobre a experiência da infração enquanto ela pressupõe ao mesmo tempo o reconhecimento da lei e a realidade de uma força que vem contra ela. Nos *Fundamentos da metafísica dos costumes* (1785) e na *Crítica da razão prática* (1788), ele define a autonomia da vontade, e o respeito, como sentimento negativo, isto é, como fato da razão que "joga por terra a presunção" da sensibilidade, que descarta o que reclama, este descarte sendo o próprio efeito da presença paradoxal do incondicionado na existência sensível, dita ainda patológica. Em textos tardios, como o "*Ensaio sobre o mal radical* (1793), neste capítulo famoso sobre *A religião nos limites da simples razão*, a própria idéia de mal radical e não originário faz da inclinação para o mal a oposição não casual a nosso enraizamento prévio na ordem da lei. Uma vontade originariamente má, ou seja, uma vontade que quereria destruir a lei, é declarada "manifestamente impossível", o que é dizer que o mal radical deve ser atribuído a uma vontade que vem contra o que, no entanto, a funda, e a lógica do conflito real é lembrada por Kant como sendo o operador lógico desta relação à lei que se acompanha sempre, "para nós outros homens", da consciência da infração. Tal é a primeira vertente da culpabilidade que funda, segundo Kant, o ser humano como tal, como se fora ele um prisioneiro em seu calabouço: ser surpreendido por uma instância incondicionada, que define o que devemos e com relação à qual estamos sempre em falta.

O universal serial e o incondicionado: qual relação?

Mas a relação com a lei tem também, de acordo com Kant, uma outra face: o desbastamento do patológico, isto é, da existência sensível enquanto ela nos afeta de maneira sempre particular, é a condição antropológica que transforma toda intenção de ato que tenha um conteúdo num pretexto para exercer a prova lógica da universalização da máxima. Mesmo que nossos atos sejam diferentes e específicos em sua materialidade, o fato de que sejam susceptíveis de serem submetidos à prova da universalização de sua máxima transforma-os em simples material para o formalismo da lei, e isto transforma o sujeito moral em pessoa, em instância para a qual a lei vale, quaisquer que sejam os seus desejos: uma pessoa vale uma outra, é o que define o sujeito da moralidade e do direito; isto é dizer que a universalidade da pessoa é suposta ser o comentário racional da surpresa pela lei incondicionada que desbasta em nós o patológico. Para todo humano a lei vale, o que quer dizer não mais que a lei surpreende sempre meu ser sensível, mas que, sejam quais forem os meus atos, eles não valem senão por sua confrontação com um imperativo de universalidade que os torna equivalentes uns aos outros e que torna os sujeitos da lei equivalentes uns aos outros. A universalização da máxima de nossos atos como prova de sua moralidade transforma a experiência de estar em falta por relação a um imperativo incondicionado em indiferenciação relativa da matéria de nossos atos aos olhos da universalidade de que são capazes por uma vontade. Uma vez, portanto, a culpabilidade é a presença do incondicionado no condicionado; uma outra vez a culpabilidade é a ocasião desta redefinição do desejo como vontade – contanto que nossos desejos sejam a simples ocasião de definição de um universal. A inclinação sensível é então um caso onde se define um princípio, o que é totalmente diferente da experiência de estar em falta por relação a uma instância transcendente e fundadora. O incondicionado é a surpresa de ser diante da lei; a universalidade é a prova formal pela qual nossos atos adquirem uma medida comum e pela qual os sujeitos tornam-se pessoas equivalentes, ou mesmo idênticas, ao olhar da lei: "Age de tal modo que a máxima de tua ação possa sempre valer ao mesmo tempo como lei de um mundo humano possível." Quem não vê que estar em falta com relação a um imperativo fundador é uma noção absolutamente distinta, racionalmente, desta operação formal pela qual os atos e os sujeitos se tornam equivalentes já que universalizáveis? Ora, quando lemos Kant, pensamos juntos estes dois aspectos da moralidade, fazemos como se fossem uma única e mesma coisa e não nos colocamos mais questões. O "para todo homem" parece-nos ser a explicitação natural da falta frente ao imperativo absoluto. Mas a incondicionalidade do imperativo nada tem a ver logicamente com uma universalidade serial dos atos e dos sujeitos da lei. Cada uma destas idéias é clara, e elas são distintas uma da outra.

O que é, portanto, que produz a evidência ilusória desta identidade senão o fato de que o único ponto comum às duas vertentes da moralidade é o desbastamento do sensível? A ordem incondicionada não se torna homogênea à prova de universalização da máxima dos nossos atos a não ser que encaremos uma e outra como descarte metódico do patológico: o incondicionado é a experiência da ruptura produzida em nós pelo surgimento de uma ordem que nos funda; o universal é a indiferenciação dos casos e dos sujeitos produzida pela prova formal à qual submetemos nossos atos. O incondicionado não se torna idêntico ao universal senão quando aquilo que os instaura, um e outro, é o desbastamento do patológico.

A moral do universal: verdade de um conceito ou verdade de um fantasma?

No pesadelo da paciente de que parti, um imperativo incondicionado vinha à luz: é preciso renunciar a um homem que se ama mesmo que isto seja "ir para o matadouro", mas nenhuma instância universalizante fazia desta renúncia necessária um caso de prova válida para todo humano. A substituição de um objeto por um outro é uma maneira de inventar em sonho uma possibilidade de separação quando ela se impõe. Dir-se-á que o imperativo em questão não é da mesma natureza que o imperativo categórico kantiano, que é ainda um imperativo condicionado; no entanto, enquanto comandando incondicionalmente uma renúncia, ele tem o mesmo estatuto. A diferença entre a necessidade de efetuar uma separação e o imperativo moral consiste no fato de que nenhuma instância transcendental funda a primeira: a obrigação se apresenta como uma necessidade bruta, ligada ao afastamento de um homem amado, de que é preciso fazer ato, sob pena de enlouquecer e de alucinar sua presença. Ora, isto não corresponde ao aspecto jurídico do imperativo categórico que define em princípio uma ordem de obrigação superior a toda necessidade de fato, uma relação com a lei em geral que fundaria nossa qualidade humana de tal maneira que o efeito de sofrimento, produzido pela presença da lei quando ela descarta os desejos, não seria senão uma conseqüência do que Kant nomeia como autonomia, isto é, a pertinência a uma ordem jurídica que rompe de uma vez por todas com as servidões do patológico. Mas, numa tal ruptura, realizada de uma vez por todas, o sonho da paciente justamente não acredita. Que uma renúncia se imponha incondicionalmente não abre para nenhuma idealização do princípio em nome do qual ela é imposta. É bem por isso que a substituição de objeto, ao reter um caráter do primeiro objeto – sem carro –, que se encontra transferido para o segundo – o outro com um belo carro –, evita a idealização do princípio que obriga a renunciar. A renúncia tem que se efetuar sem que o fato do amor se separe do direito de uma autonomia que o negaria, ou que o relegaria à ordem de amor patológico. Mas, por conseguinte, nenhuma serialidade dos objetos se desenha neste sonho: os objetos não são colocados como todos equivalentes senão quando são relegados por uma lei que opõe os fatos ao direito. No pesadelo analisado, pelo contrário, a sonhadora pode passar de um objeto a outro, porque forja uma transição imaginária e uma diferença. A sonhadora toma os homens um a um, poder-se-ia dizer, parafraseando a fórmula de Don Juan, mas a aritmética do desejo tem aqui um alcance todo outro, diferentemente do herói masculino: trata-se da passagem de uma singularidade a uma outra que faz ato de uma perda, mas aliviando-a pelo humor de uma substituição. O que os psicanalistas chamam de castração, isto é, o fato de que nossos desejos não são todo-poderosos e que isto nos surpreende como um pesadelo, não se liga naturalmente a nenhuma formalização da existência que permitiria decidir *a priori* a que se deve renunciar para que nossa vida permaneça arrimada a princípios que impeçam as surpresas desagradáveis.

Poder-se-ia, portanto, desenvolver a observação kantiana sobre a amoralidade das mulheres dizendo que para essas últimas, quando se trata de limitar as pretensões do patológico, ou seja, de nossos desejos, este processo tem lugar sem que os fatos sejam desconsiderados por um direito; em outros termos, não há idealização do princípio que ordena renunciar, mesmo se há uma necessidade de renunciar. Daí em diante, pode-se se perguntar se a diferença do fato ao direito que o julga não é ela mesma uma construção, certamente interessante, enquanto permitindo uma cerca renúncia chamada de autonomia, mas relativa, em sua "verdade", a certas organizações de desejo, aquelas que têm interesse em tornar intercambiáveis os objetos de desejo para que uma renúncia a um objeto possa se efetuar. Tratar-se-ia, então, da verdade de um fantasma, indissociável do tipo de transformação pulsional que ele torna possível, e não da verdade de um conceito. Certo, para as mulheres como para os homens, o imperativo categórico faz sentido intelectualmente. Todavia, porque ele não se impõe sem acompanhar-se do efeito de descarte que produz sobre nossa faculdade sensível de desejar, coloca-se a questão de saber se a explicitação de seu poder de obrigação em termos de universalização de seus pontos de aplicação não se atém ao que, em certas organizações de desejo, traz à ordem do dia a relegação do patológico ao "golpe por golpe", ao se resumir ao "de uma vez por todas" da separação entre o imperativo e os desejos empíricos que ele permite relegar em bloco.

Se existe um terreno comum entre Kant e Sade, como sugeria Lacan, não é do ponto de vista desta correlação característica entre a posição de uma lei cuja incondicionalidade se exerce pela relegação do sensível, de uma vez por todas, o que instaura o direito, e o exercício repetido desta prova ao golpe por golpe, isto é, universalmente, pelo descarte dos desejos em si mesmo ou no outro?

Quer se leia *A filosofia na alcova* de Sade, o *Dom Juan* de Molière, ou a *Crítica da razão prática* de Kant, o que espanta, com efeito, é uma notável correlação entre a serialidade indefinida dos objetos do desejo e o sacrifício de todos estes objetos em nome de um ideal colocado como absoluto, e que varia nestes três casos: em Sade, é o prazer do libertino, sem outra razão senão sua afirmação que justifica que se lhe sacrifique tudo, toda concordância do outro ou todo apego do sujeito que o experimenta; no caso de Dom Juan, como sublinhou Monique Schneider[6], a celebração das conquistas na escala do universo e ao golpe por golpe se acompanha de uma cláusula que restringe o gozo

---

[6] M. Schneider, *Dom Juan e o processo da sedução*, Paris, Aubier, 1994, pp. 124-125.

no momento em que "um belo rosto" ordena a relegação da série inteira: "Desde que um belo rosto mo peça, se eu tivesse dez mil, lhos daria todos" (ato I, cena II); finalmente, em Kant, sabe-se bastante que o "fato da razão", introduzindo-nos à ordem da vontade racional, reenvia em bloco todos os nossos desejos ao registro destes prazeres e desprazeres que, não sendo capazes de nenhuma determinação *a priori*, empalidecem todos igualmente em suas particularidades, porque unicamente sua capacidade de servir de material para uma lei não-contraditória de um mundo humano possível os inscreve na moralidade.

Pode-se discutir para saber se o termo sacrifício descreve com pertinência, em cada um destes casos, a posição destacada do incondicionado com relação à universalidade serial dos termos que ele relega. Será preciso examinar este ponto com cuidado, pois é sem dúvida por ele que se diferenciam o rigorismo kantiano, o desafio donjuanesco e a impassibilidade sadiana, mas importa notar que estas três soluções deixam-se descrever por uma mesma lógica do universal e do incondicionado que preside à determinação de um Soberano Bem. Isto é dizer que as mulheres ou os homens identificados a uma mulher se conduzem deixando de lado esta referência ao Soberano Bem dos filósofos, fosse ele, como o de Kant, de forma pura?

CAPÍTULO II

O Universal em Kant e Sade

De que ponto de impensado na filosofia dos direitos do homem é Sade o revelador? Uma questão tal poderia conduzir a confrontar o pensamento do marquês aos de seus compatriotas Robespierre, Rousseau, D'Holbach, porque ele também a eles se refere na ocasião, explicitamente, ainda que fosse pelo título-programa que afirma querer completar as bases de uma filosofia da República: "Franceses, ainda um esforço se quereis ser republicanos." Como se sabe, este "a mais" é também uma subversão. Entretanto, se se quer apreender a articulação do passional com o político, nas filosofias jurídicas da Revolução Francesa, é mais interessante confrontar Sade com Kant, pois tanto num quanto noutro esta articulação se faz por uma reflexão aprofundada sobre o que pode ou não a universalidade da lei na obra de civilização das paixões. À idéia kantiana de uma determinação imediata da vontade humana pela lei moral do respeito, e à idéia do direito como simples conformidade de uma ação com a lei, abstração feita dos móveis dessa[1], responde a afirmação de Dolmancé em *A filosofia na alcova*: "... as leis não são feitas para o particular mas para o geral, o que as coloca numa perpétua contradição com o interesse, tendo em vista que o interesse pessoal sempre o é com o interesse geral."[2] Articular política e paixão é, para Kant, distinguir a subsunção externa e a subsunção interna do particular sob o geral; é, para Sade, fazer ato de sua necessidade e paradoxal disjunção: qual é então esta estranha concordata que ele preconiza entre o geral e o particular, ou seja, entre termos um dos quais jamais subsume o outro sob sua legislação, e por que então mesmo assim colocá-los em relação?

[1] E. Kant, "Doutrina do direito", em *Metafísica dos costumes, Obras filosóficas III*, Gallimard, 1986, pp. 464-465.

[2] Marquês de Sade, *A filosofia na alcova*, Gallimard, "Clio", 1976, p. 176.

A segunda razão que temos para confrontar Sade com Kant mais do que com seus compatriotas é histórica: Jacques Lacan, num artigo célebre de seus *Escritos*, "Kant com Sade", e no seminário contemporâneo sobre *A ética da psicanálise*, abriu a via desta aproximação que muito dá o que pensar, tanto aos filósofos quanto aos psicanalistas. Por esta leitura, Lacan vai ao fundo da seqüência das críticas filosóficas dirigidas à filosofia kantiana do agir, a de Hegel na *Fenomenologia do espírito* e a de Nietzsche na *Genealogia da moral*, em que ambos colocavam em causa a pretendida pureza do ponto de vista transcendental em moral: Hegel ocupa-se de mostrar que não é possível que uma consciência de si ativa ignore em seu foro interior que ela realiza o universal: porque ela é reflexividade, porque os fatos e os atos não são para ela senão enquanto ela os mede com o que ela determina como seu valor universal, é impossível que ela não seja feliz a cada vez que ela age moralmente, isto é, a consciência da felicidade nunca é um mais-além para quem age fazendo passar o universal no sensível – o que arruina a idéia kantiana do dever. De outro lado, porque agir é, para um humano, ser reconhecido, é impossível analisar o agir humano separando sua intenção dos efeitos exteriores do ato pelos quais ele entra no campo do reconhecimento. Existem em Kant duas noções do universal: o reino dos fins – esta representação de um mundo no qual todos os humanos teriam a razão como objeto comum de suas vontades – se duplica sempre por um campo de reconhecimento, onde os atos regidos por uma intenção são, sob o olhar de outrem, submetidos à prova da contradição entre sua intenção e sua efetividade. Resumidamente, há empírico no transcendental.

De outro modo, Nietzsche confirma esta última afirmação, fazendo do momento negativo de descarte do sensível a razão de ser do imperativo categórico: "E não seria preciso acrescentar que o mundo nunca perdeu inteiramente um certo odor de sangue e de tortura? (Mesmo no velho Kant o imperativo categórico tem um bafio de crueldade)".[3] Kant fazia deste momento negativo um efeito e não uma causa da relação à lei. Para ele, não há móvel sensível que cause nossa experiência de obrigação por uma lei que ordene incondicionalmente. Atropelando a construção kantiana, Nietzsche afirma que a lei não é pura mas cruel, que não há pureza sem depuração. Conhecem-se estes temas, e também a maneira como os textos kantianos resistem a tais críticas: a de Hegel não vale senão quando se ignora a distinção kantiana do conhecimento e do pensamento – Hegel substitui, com efeito, a noção de conhecimento pela de saber consciente de si, enquanto que a consciência do dever em Kant é um

[3] J. Lacan, "Kant com Sade", em *Escritos*, Seuil, 1966, p. 767.

pensamento que julga os fatos e não um saber; a de Nietzsche bate-se a golpes de martelo contra a idéia de uma determinação pela lei que teria uma origem outra que sensível, mas sem se desengajar do texto kantiano em si.

As escolhas de Lacan em "Kant com Sade"

Lacan, portanto, retorna à questão da crueldade do imperativo categórico, e mais de perto que Nietzsche. Inscreve este retorno sob uma dupla condição epistemológica: interpretar, de um lado, o Soberano Bem da ética filosófica como o objeto supremo do desejo para sempre interdito – Kant dizia postulado como não-impossível mas nunca presente na efetividade da vida moral; e fazer, de outro lado, da lei moral kantiana enunciada no imperativo, "algo de significante já" – o que é dizer que, determinando a estrutura do desejo de um sujeito, produz nele uma cisão que Kant teria indicado como aquela dos interesses patológicos e da vontade racional, mas que se pode também definir, depois de Jakobson, como a cisão do sujeito do enunciado e do sujeito da enunciação. Com esta dupla condição, portanto, Lacan mostra o alcance decisivo da moral kantiana: não repousando mais numa idéia prévia do Bem, ela desnudaria a relação entre o objeto do desejo e a lei moral, que não se estabelece no imperativo categórico senão ao excluir todo objeto patológico, o que não se dá, com efeito, sem alguma crueldade exercida pelo sujeito racional sobre seu ser patológico. A aproximação de Kant com Sade se efetua então, em Lacan, em três campos:

1) Sade e Kant refletem ambos sobre a política do universal e sua relação com a moral. Para todo humano, a lei vale; esta proposição, que funda a idéia de uma república democrática, é expressa por Kant e por Sade. Neste último ela figura, com efeito, em *Franceses, ainda um esforço...*, no interior de um contexto determinado: trata-se de mostrar que se, numa sociedade democrática, nenhum homem pode fazer de um outro sua propriedade, esta igualdade no direito ao gozo implica também que todo homem pode reduzir qualquer outro ao nível de instrumento temporário deste último, mesmo sob condição de dor infligida a este instrumento, porque "todo homem é tirano quando goza", como diz claramente Sade. Lacan vê portanto em Sade, como em Kant, um arauto do "para todo homem" que caracteriza a filosofia dos direitos do homem.

2) Este "para todo homem" é definido em Kant pela incondicionalidade de sua relação com a lei moral, o que bem supõe, de acordo com Lacan, a colocação em andamento do patológico, isto é, o momento da crueldade que

faz surgir o incondicional como tal: "Notemos que este Bem só é suposto o bem ao propor-se, como se vem de dizê-lo, ao avesso e contra todo objeto que aí colocaria sua condição, ao se opor a qualquer que seja dos bens incertos que estes objetos possam trazer, numa equivalência de princípio, para se impor como superior por seu valor universal."[4]

3) No caráter inacessível da coisa em si concebida como Soberano Bem, que reconciliaria o dever com a felicidade, Lacan referencia o índice de um estofo diabólico do Bem para o homem do Universal: o ser supremo em maldade se anuncia pelo fato de que a lei provoca a dor daquele que ela faz sujeito; o caráter somente postulado do Bem em moral não significa unicamente que toda consideração de objeto patológico deve ser suspensa para que a forma universalizante da lei se estabeleça, mas também que há mesmo assim um objeto na relação com a lei. Este objeto é o mesmo que Sade desvela, e do qual a latência da Coisa em si kantiana organiza o distanciamento: a lei moral se dirige a todo homem e tem por aí o mesmo estatuto, segundo Lacan, que o agente do tormento na experiência sadiana. Este agente tem a mesma neutralidade impessoal, a mesma impassibilidade em seu endereçamento a "todo homem" que a lei. "Também vamos, escreve Lacan, descobrir este terceiro termo (entre o objeto patológico e a voz da razão) que, no dizer de Kant, faria falta na experiência moral. É, a saber, o objeto que, para assegurá-lo da vontade no cumprimento da lei, ele é constrangido a reenviar ao impensável da Coisa-em-si. Este objeto, não está ele, decaído de sua inacessibilidade, na experiência sadiana, e desvelado como ser-aí, *Dasein*, do agente do tormento?"[5]

Poder-se-á sempre objetar a Lacan que ele não mostra verdadeiramente a identidade que afirma entre a inacessibilidade do Bem disposta por Kant e a retração pudica da mola do sofrimento que Sade fará sair da sombra como o agente do tormento a que está submetido todo humano numa sociedade democrática. Além disso, se fará notar com razão que, na frase que se vem de citar, Lacan deforma Kant como Hegel fazia: Kant jamais disse que a lei é impensável, mas que a Coisa-em-si é incognoscível. Lacan apaga, como Hegel, a diferença entre conhecer e pensar, para poder ver despontar o açoite de Dolmancé na retração agenciada por Kant para o Soberano Bem.

4) O último golpe de força de Lacan, depois de ter feito de Sade o revelador do ser supremo em maldade, que anunciaria a face oculta do Soberano Bem em seu retiro no ideal igualitário dos direitos do homem, consiste em

---

[4] Ibid., p. 766.

[5] *Ibid.*, p. 772.

salvar *in extremis* a Lei – a Lei simbólica da psicanálise, e por aí também mesmo a Lei moral kantiana – de sua colusão, por um instante entrevista, com um instrumento de tortura: "Pois o patíbulo não é a Lei, nem pode ser aqui por ela veiculado. Não há furgão senão da polícia, a qual pode bem ser o Estado, como se diz lá para as bandas de Hegel. Mas a lei é outra coisa, como se sabe desde Antígona."[6]

Aqui a posição de Lacan é complexa: a única coisa que faz a diferença entre o instrumento de tortura e a Lei é a referência aqui elíptica à figura de Antígona, isto é, a uma certa assunção do risco da morte para afirmar o direito de uma Lei que seja outra que repressiva de um lado, e perversa de outro. Para indicar este ponto, Lacan faz referência, no artigo "Kant com Sade", mas também no Seminário sobre *A ética da psicanálise*, a dois exemplos kantianos da *Crítica da razão prática*, destinados a mostrar aos leitores filósofos que todo homem faz necessariamente a diferença entre o que é nele mesmo determinação patológica e imperativo moral. Estes dois exemplos, convocados conjuntamente por Kant, não têm a mesma estrutura lógica, e não apresentam da mesma maneira a cisão do sujeito: no primeiro, trata-se de um homem a quem se propõe uma noite de amor – Kant não precisa com quem, mas Lacan imagina que se trata de uma bela – com a condição de que, depois dessa noite, um patíbulo o aguarda à saída do aposento de suas delícias. O segundo exemplo coloca em cena o mesmo patíbulo, mas num cenário diferente: um tirano ordena a um dos seus súditos que levante um falso testemunho contra um homem do qual o dito súdito tem boas razões para se vingar; na falta desta traição, o patíbulo o aguarda. De acordo com Kant, este súdito não poderá talvez afirmar que resistirá à tentação de "vender" este outro homem, mas se representará necessariamente a obrigação de fazê-lo, desde que é humano, o que basta para estabelecer a determinação imediata da vontade enquanto tal pelo imperativo, que suspende o valor de toda existência condicionada. Parece que o primeiro exemplo é estruturado de outro modo, porque não comporta disjunção exclusiva entre os interesses patológicos e a obrigação pela lei: com efeito, é para permanecer vivo que, segundo Kant, todo homem poderá fazer calar em si a exigência do desejo. Ele poderá sacrificar a noite com o objeto da sua escolha mais facilmente do que deixar-se enforcar. O sacrifício possível, para todo homem, de uma paixão se faz contra o interesse da vida e pelo respeito à palavra uma vez, uma outra vez para a conservação da vida. Para dizer a verdade, este

---

[6] *Ibid.*, p. 782.

último exemplo citado é bem difícil de ser interpretado, porque a conservação da vida pode ser considerada seja como um dever, como sublinha um texto célebre dos *Fundamentos da metafísica dos costumes*, seja como um desejo se se supõe os homens antes de tudo apegados à vida. O que torna homogêneos, entretanto, estes dois exemplos é que eles fazem aparecer, um e outro, a capacidade dos humanos de fazerem calar neles a ordem dos desejos quando vale para eles um termo incondicionado, qualquer que seja a natureza deste incondicionado.

Concluamos, provisoriamente, sobre a leitura lacaniana de Kant: se a psicanálise infere um "objeto da lei" na inacessibilidade do Soberano Bem, enquanto que para o filósofo a lei é uma instância que torna equivalentes todos os sujeitos, mas não tem instrumento que efetue a cisão do sujeito, é por uma razão que é primeiramente intrapsicanalítica: Lacan afirma que o objeto do desejo é "também inapreensível", em sua capacidade de fazer vacilar o sujeito, que é inacessível o Soberano Bem. Quando este objeto, mesmo assim, se materializa, é como instrumento de tortura, e a única posição da Lei que se separa, em Kant como na psicanálise, de uma função torturante é aquela indicada por Antígona: um desejo mais-além de um desejo sensível. Se não, isto é, no fantasma, Sade reina; em outros termos, o desejo é perverso nas suas realizações, ele coloca o sujeito em face de um objeto que o desaloja dele mesmo pelo sofrimento. Estruturalmente ou do ponto de vista da verdade, este sofrimento corresponde ao fato de que o sujeito é como que catapultado ao ponto de falha do Outro, ao ponto de incompletude que organiza os significantes de seu desejo, alienados no Outro. Concretamente, para o sujeito, este ponto de falha não se desnuda senão quando um objeto, que se encontra detido por um agente e que seria a face de sombra da lei, o força pela dor a reconhecer o ponto de seu próprio desaparecimento como sujeito. O sujeito perverso é aquele que não se assusta ao ocupar este lugar de agente do tormento de um outro, que coloca este outro em presença daquilo que o faz desfalecer e goza com isto, com o risco de se identificar por aí, num tempo segundo, com este momento do sofrimento no outro. A neurose é o desconhecimento daquilo de que a perversão é a verdade, e a única saída possível deste inferno estaria numa certa renúncia quanto ao desejo em nome da Lei, de que Antígona dá testemunho. Tal seria a posição de Lacan se ele não terminasse por distinguir, às vezes, a posição de um analista da de Antígona, dizendo de modo um tanto ou quanto misterioso: o desejo do analista não é um desejo puro[7], o que deixa aberta a questão de saber o que é um

---

[7] J. Lacan, *O Seminário*, livro XI, *Os quatro conceitos fundamentais da psicanálise*, Seuil, 1966, p. 248.

desejo que poderia, fora da análise, realizar-se sem ser perverso[8]. Deste ponto de vista, Kant não é Sade. Pude mostrar que a estrutura de desejo que prepara a definição do sujeito como moral é a melancolia e não o sadismo[9]. O melancólico não realiza seu desejo forçando um outro a sentir na dor que ele é sujeito de uma lei que lhe faz mal, nem gozando do fato de que isto faz com que todos os golpes atinjam o alvo; o sofrimento melancólico se transforma em relação a princípios de vida constantes. A antropologia kantiana não é a antropologia sadiana, ainda que ambas admitam que o sofrimento experimentado pelo sujeito tenha um papel constitutivo na relação com a lei moral. Não é trancando o objeto na lei ou na Coisa em si kantiana que se compreenderá em que Sade indica um ponto de impensado na filosofia dos direitos do homem.

O que nos vai reter, a partir desta leitura, interessante mas algo forçada, de Lacan, é que a aproximação entre Kant e Sade não é possível senão a partir de uma moral do universal. É a estrutura da universalidade que é preciso descrever em Kant e em Sade, se se quer apanhar aquilo de que Sade é o revelador. Ao apresentar da universalidade uma caricatura, Sade obriga a refletir sobre a composição do que se reúne sob este termo, e que nem Kant nem Lacan verdadeiramente explicitam. Este último, com efeito, distingue bem a universalidade de direito, característica da lei, da universalidade empírica que se pode chamar, em francês, de generalidade, mas que ele nomeia também às vezes como a maneira pela qual as coisas se "arranjam", aí retomando a expressão de Sade, que designa as posturas eróticas que colocam em jogo uma multiplicidade de órgãos substituíveis no prazer. Mas, ao mesmo tempo, como acossa o objeto na função transcendental da lei, Lacan anula a distinção que estabelece noutro lugar. A única distância explícita que ele toma com relação à categoria filosófica da universalidade consiste em mostrar que toda proposição universal afirmativa, e em particular aquela que enuncia a submissão de todos os homens à lei, supõe o recalcamento, pelo enunciado mesmo desta proposição, daquele que enuncia a lei, e que faz exceção ao que enuncia. Mas ele não explora esta sugestão para pensar a relação entre Kant e Sade.

---

[8] P. Guyomard, *O Gozo do trágico. Antígona, Lacan e o desejo do analista*, Aubier, 1992.

[9] Monique David-Ménard, *Introdução à tradução do "Ensaio sobre as doenças da cabeça", de Kant,* Garnier-Flammarion, 1990, e *A loucura na razão pura, Kant leitor de Swedenborg,* Librairie Vrin, 1990, cap. V.

O universal em Kant: noção complexa ou confusa?

Ora, a universalidade, no próprio Kant, é complexa: significa primeiramente a incondicionalidade da lei. É porque o imperativo categórico comanda algo sem levar em conta condições empíricas, isto é, particulares, do ato que ela determina imediatamente toda vontade. Que a lei diga respeito a toda vontade é um correlato do fato de que ela suspenda a importância do que particulariza os atos. A pessoa moral e jurídica é logicamente contemporânea da incondicionalidade da lei. Alguém se poderia mesmo perguntar se uma tal concepção não vai além da multiplicidade das pessoas; a humanidade é idêntica em todo homem; o todo, aqui, e a serialidade que ele implica reenviam a uma mesmice do humano nas individualidades empíricas. É neste sentido que os *Fundamentos da metafísica dos costumes* definiam a caridade como amor pela humanidade em todo homem; no limite, a incondicionalidade da lei suprimiria toda serialidade do universal. No entanto, quando alguém se refere às diversas fórmulas pelas quais se enuncia o imperativo categórico, a incondicionalidade da obrigação se desenvolve sempre em Kant, mesmo nos mais concisos enunciados da segunda *Crítica*, pela referência à universalidade serial do "para todo homem". A primeira complexidade do universal em Kant está ligada a este ponto: a idéia de incondicionalidade é distinta, conceitualmente, daquela da quantidade universal do julgamento que explicita a prova formal à qual está submetida a intenção de um ato. Ora, Kant identifica pura e simplesmente incondicionalidade e universalidade serial: o "para todo homem" é suposto ser o comentário natural do Fato da razão, enquanto impõe uma ordem de determinação pelo absoluto. Citemos uma frase que ressalta bem o valor desta implicação mútua, mas não tematizada, do incondicional e do universal: "No entanto, para que a razão possa dar leis (*Gestzgebung*), é preciso que ela não tenha que pressupor senão ela mesma, porque a regra não é objetivamente e universalmente válida senão quando ela vale sem as condições contingentes e subjetivas que distinguem um ser razoável de um outro".[10] Esta frase, notavelmente concisa, de fato coloca problemas decisivos.

Notemos, primeiramente, que as duas noções aqui intrincadas, do universal e do incondicionado, estavam claramente colocadas na *Crítica da razão pura*. A diferença entre a universalidade serial e o incondicionado está definida por Kant na primeira *Crítica*. Quando do início da *Dialética transcendental*, ele reflete sobre a maneira pela qual nossos julgamentos deixam se perfilar em seus

---

[10] E. Kant, *Crítica da razão prática*, em *Obras filosóficas II*, Gallimard, 1985, p. 629.

encadeamentos representações que são totalidades: "Restringimos, portanto, na conclusão de um raciocínio, um predicado a um certo objeto, depois de tê-lo previamente pensado, na maior, em toda a sua extensão sob uma certa condição. Esta quantidade completa da extensão, com relação a uma tal condição, chama-se a universalidade (*universalitas*). A esta universalidade corresponde na síntese das intuições a totalidade (*universitas*) das condições."[11] O "para todo *x*", que é uma função lógica, faz par, nos raciocínios, com a representação de um absoluto na intuição, representação falaciosa – já que uma intuição é sempre finita –, mas inevitável.

Vejamos o que esta distinção se tornou na análise do poder prático da razão: trata-se, nas primeiras páginas da *Crítica da razão prática*, de definir a diferença entre princípios de ação que se referem ao conteúdo do ato – do ponto de vista do encadeamento das causas e dos efeitos que pode produzir a realidade para um sujeito que o deseja – e imperativos, isto é, leis que comandam diretamente a vontade incondicionalmente, isto é, aqui sem levar em conta este encadeamento causal que permanece sempre suspenso à condição de que o sujeito deseje isso ou aquilo. Para a razão teórica, a incondicionalidade se definia positivamente, mas no condicional: era o caráter de uma intuição que nos daria uma totalidade – mas isto é impossível porque a intuição é finita. Para a razão prática, a incondicionalidade se define negativamente, mas no indicativo: a vontade como autônoma se obtém quando se leva a restrição à sua universalidade, que as diferenças de conteúdo e de motivações dos sujeitos constituem. A universalidade é obtida ao mesmo tempo que a incondicionalidade do imperativo de tal maneira que não há mesmo mais como distinguir estes dois caracteres da lei. Eles não se distinguem como se distinguiam precedentemente a quantidade de um julgamento e o caráter intuitivo do representado; implicam-se no mesmo registro, e não se tem mesmo mais como dizer que são distintos, sem dúvida porque o ponto de vista da intuição empírica de nossos atos é neutralizado: já que em moral nós não estamos nas condições restritivas que o conhecimento impõe, não conhecemos nunca, para falar propriamente, a quantidade moral de nossos atos, e estaríamos daí em diante dispensados de prestar atenção à diferença entre *universitas* e *universalitas*, ou seja, entre uma determinação de lógica formal e uma determinação transcendental.

Poder-se-ia mesmo se perguntar se a noção de incondicionalidade entendida como *universitas* guarda um sentido quando concerne ao mundo, jamais colocado como real, das vontades racionais. Kant responde a esta questão

[11] E. Kant, *Crítica da razão pura*, em *Obras filosóficas I*, Gallimard, 1980, p. 1033.

sem colocá-la. Para dizer a verdade, ele não se pergunta jamais como o possível, que ele tomou cuidado em redefinir com rigor na filosofia teórica, pode significar aqui unicamente "não-contraditório". Ele decide sem dizê-lo que a diferença transcendental entre o "não impossível no sentido da contradição" e o "que pode ser contado entre os possíveis" não tem mais razão de ser quando se trata do Fato da razão. Com a prova lógica da máxima de nossos atos, a crítica transcendental da modalidade, sem ser propriamente falando invalidada, não tem mais ocasião de se exercer. Simplesmente, daí por diante, a relação do incondicionado com o universal se torna confusa e, nas formulações de Kant, estes dois aspectos da relação à lei são citados conjuntamente, como se não fizessem senão um. Este é bem o caso na concisão da frase de que partimos: "Para que a razão possa dar leis, é preciso que ela não tenha que pressupor senão ela mesma, porque a regra não é objetivamente e universalmente válida senão quando ela vale sem as condições contingentes e subjetivas que distinguem um ser razoável de um outro." Produzir leis ativamente é pressupor somente a si, e é valer universalmente.

Para dizer a verdade, o universal é aqui afetado por uma outra complexidade ainda. Não há apenas uma serialidade em jogo nesta frase, mas duas: é preciso suprimir diferenças empíricas em pensamento, pela consideração de sua forma, para que a idéia de universalidade no valor da regra tome sentido. Havia algo de impreciso, de nebuloso, na relação entre o categórico do imperativo e a universalidade de sua aplicação. Mas esta névoa recobre uma outra: para dizer que a razão legisladora não pressupõe senão ela mesma, Kant relaciona seu absoluto com a supressão metódica das diferenças entre os sujeitos, reputadas contingentes. A atividade categórica da lei não pode ser enunciada se não se mencionam as contingências e particularidades de cada ato cuja suspensão se deve efetuar; há portanto duas universalidades seriais a considerar: é preciso suprimir em pensamento cada conteúdo de ato e cada motivação particular, de um lado; e se obtém, de outro, uma lei que vale para todos os casos, para todos os homens concernidos pela determinação unicamente formal da vontade. Kant nunca se pergunta como estas duas quantidades extensivas se ligam, aquela que está em jogo em "sem condições subjetivas e contingentes" e aquela que está em jogo em "para todo homem" tal lei é possível, isto é, não-contraditória.

Entre as duas serialidades também seria preciso definir explicitamente os laços lógicos. Porque a colocação da máxima em fórmula de lei é parte integrante da vida moral – somente ela destaca efetivamente o sujeito moral do particular, isto é, do acidental de suas motivações; seria preciso definir a diferença das duas serialidades: para cada motivação empírica, dizia eu, é preciso fazer a prova do formal da lei. A quantidade infinita, ou indefinida, dos atos que se submete a esta prova se faz necessariamente caso por caso, pois é assim que se levanta a condicionalidade do ato: mesmo que no "para todo homem tal lei pode valer sem contradição?", a quantidade universal do julgamento seja apresentada como acabada ou como dada. Depois de Kant, foi a lógica intuicionista que fez notar que, numa série de termos submetidos ao caso a caso, a construção não é equivalente a uma série infinita de termos de que se supõe que são todos dados desde a definição da lei de composição da série. Kant certamente não conhecia os trabalhos de Brouwer[12], que lhe são bastante posteriores. No entanto, ele põe a trabalhar uma lógica intuicionista antes do termo quando, na *Dialética transcendental,* mostra que, desde que se raciocine sobre uma série infinita como a série de todas as relações entre os fenômenos a que se chama "mundo", os princípios de contradição e do terceiro excluído não são necessários: ele poderia fazer apenas duas proposições: o mundo é finito ou infinito, ambas sendo falsas ao mesmo tempo. Ora, entre a serialidade do caso a caso à qual submetemos cada um dos nossos atos e a quantidade infinita dos homens para os quais a lei vale, existe esta diferença na maneira de conceber a composição de uma série infinita. Por que então Kant, que nos ensinou tanto rigor lógico na *Crítica da razão pura*, é tão negligente quando se trata de fundar uma moral do universal e uma filosofia do direito? Certo, ele coloca todo o seu empenho em mostrar que o campo de pensamento da razão prática é constituído diferentemente do campo de pensamento da razão teórica, porque o Fato da razão é um fato *sui generis* e nunca se tem que julgar de modo determinante sobre a moralidade de tal ato, já que não se está aqui no registro do conhecer. Mas, mesmo aceitando esta diferença que ele estabelece efetivamente, certas aquisições da primeira *Crítica* parecem no momento estranhamente negligenciadas quando valem também para a construção deste lugar de pensamento puramente possível, jamais afirmado como real, que é o reino dos fins, mundo das vontades racionais.

O universal kantiano é, portanto, complexo do ponto de vista lógico: duas serialidades cujo relacionamento não é precisado e uma equivalência, que se coloca sem se justificar, entre a *universitas* da obrigação pela lei, que investe a vontade na sua totalidade, e a *universalitas* dos sujeitos aos quais se aplica. A lógica do universal na moral kantiana é complexa, e esta complexidade não é tematizada.

---

[12] J. Largeault, *Intuição e intuicionismo*, Librairie Vrin, 1993.

A retórica do incondicionado em Kant e Sade

Ora, esta complexidade não se torna demarcável – o que não quer dizer ainda pensável – a não ser que se confronte a *Crítica da razão prática*, tomada como um texto autônomo, com *A filosofia na alcova*, de Sade. Que faz Sade, com efeito, se não instalar em posição de incondicionado, não mais a lei moral kantiana, mas o prazer de um só que assinala a todos os outros, pelo lugar destacado que é o seu, o estatuto de objetos equivalentes para seu prazer? O ponto comum entre Kant e Sade é esta composição da universalidade em dois estratos, que se pode nomear, em nossos dois pensadores, de incondicionalidade e universalidade serial. Em Sade, a universalidade serial parece de início mais simples que em Kant, porque ela não comporta a diferença entre a série dos atos sensíveis e a série das pessoas morais. Somente conta a distinção entre o termo incondicionado, o prazer único do libertino, e a série dos objetos. Como o termo incondicionado não é mais a própria lei, como em Kant, mas o gozo do único que relega todos os outros na série dos objetos, a distinção destes dois registros da universalidade aparece como tal, na sua função lógica ou estrutural, enquanto que, em Kant, o incondicionado fazia um com a transcendência da lei, e por conseguinte não aparecia como função. Diz-se sempre que Sade é uma caricatura de Kant, mas não se diz precisamente em quê; digamo-lo: é um termo sensível, ou patológico no sentido kantiano, que ocupa o lugar do incondicionado, porque o universal sadiano não tem por experiência de base o respeito, mas o blasfemo. Permanece sempre havendo um invariante nas transformações do universal, que não comparece senão por esta variação eidética, como diria Husserl, que constitui a mudança de conteúdo do termo incondicionado: é preciso um termo incondicionado para que todos os outros sejam constituídos em série num outro registro. Lembremos que efetivamente, se Kant colocava no mesmo plano os dois exemplos do patíbulo, um que supunha o sacrifício do sensível e outro sua conservação, é porque o ponto comum aos dois exemplos era a instalação de um termo incondicionado, ou de uma função de incondicionalidade, fosse seu conteúdo racional ou sensível.

Se há uma complexidade no universal sadiano, ela reside alhures: cada sujeito da República pode, na constituição sadiana descrita por "Franceses, ainda um esforço se quereis ser republicanos", ocupar o lugar do termo incondicionado que é o prazer do libertino nos diálogos. Isso não faz absolutamente objeção, mas traz bem mais uma confirmação à relação, na universalidade, entre um termo incondicionado e a série infinita dos objetos que ele relega no rol dos objetos substituíveis e equivalentes, porque estão situados nesta posição de relegação pelo termo incondicionado. Há portanto, também, duas formas de serialidade em Sade, a dos objetos substituíveis e a da igualdade dos cidadãos libertinos.

A articulação do político ao passional se faz então da maneira seguinte: o único, o incondicionado dos cenários eróticos, se torna o "para todo homem" do programa jurídico-político. É como se, em Kant, a própria lei moral, mas desprovida de sua transcendência, se tornasse a pessoa moral. Esta transformação faz a unidade das duas partes heterogêneas de *A filosofia na alcova*. A peça de teatro, a iniciação de Eugénie à libertinagem, se faz sob a condição de que as leis valham para o geral e jamais para o particular. O prazer particular do libertino está então em posição de incondicionado. E entre o quinto e o sexto diálogos, Sade intercalou um texto sobre as leis fundamentais da República, que afirma que todo homem está no direito de ocupar o lugar do incondicionado na satisfação dos seus desejos, tal é o sentido da igualdade democrática que impôs que se redefinissem as relações do Estado e da religião com o gozo dos cidadãos.

Há, portanto, duas diferenças entre Kant e Sade, que fazem do segundo a caricatura do primeiro: em Sade, o termo incondicionado é um termo empírico; não há mais a transcendência do "Fato da razão"; e, secundariamente, o termo incondicionado é tomado em seguida como elemento do "para todo homem". Mas somente a caricatura; porque ela reduz os termos à sua função numa construção do universal, permite ler, no próprio Kant, os andaimes lógicos da construção.

Para dizer a verdade, é preciso ir mesmo mais longe, se se aceita reler a *Crítica da razão prática* depois de ter feito uma parada em *A filosofia na alcova*. Este último texto é literário, mesmo que ele comporte muito de discussões filosóficas. O tratado kantiano é um texto teórico, de forma dedutiva, digamos, que funda a razão prática e situa sua constituição transcendental com relação à razão teórica: todo professor de filosofia tem o hábito de introduzir sua audiência à inteligência deste texto expondo que, contrariamente ao que ele fazia dois anos antes nos *Fundamentos da metafísica dos costumes*, onde ele procedia de modo indutivo, procurando definir a partir de exemplos o lugar transcendental da lei, o filósofo, aqui, coloca teoremas. A análise do agir humano se faz pela distinção dos princípios e do imperativo, e isso basta para deduzir o caráter categórico do imperativo moral e da liberdade. No entanto, ao mesmo tempo, sempre se insiste, na abordagem deste texto, sobre o fato de que, para a razão prática, não se parte de uma crítica do sentido comum, como era o caso na teoria do conhecer, mas de que se justifica o sentido comum moral. Este texto, escrito *more geométrico*, se quer entretanto uma legitimação do sentido comum moral, que ele não põe em causa; todo homem faz a experiência da moralidade na sua diferença com os motivos sensíveis de seus atos.

Ora, a leitura de Sade torna sensível ao fato de que a *Crítica da razão prática*, tão demonstrativa quanto ela se queira, tem um estilo, como um texto literário, e que este estilo somente designa ao universal sua função. O que nomeei de a construção da universalidade se efetua não somente por uma lógica ou uma determinação de estrutura, como se viu mais acima, mas por uma espécie de retórica do incondicionado que faz o texto de Kant assemelhar-se ao de Sade, justamente; ambos colocam em obra uma mesma retórica do incondicionado, e aí, ainda, é porque este modo de escrita é manifesto em Sade que ele pode sair da negligência em que se o tem quando se lê Kant.

A proposta dos diálogos é a iniciação da jovem Eugénie na libertinagem, através de atos eróticos, com certeza, mas também através de muitas discussões filosóficas. Eugénie tem dois instrutores, Madame de Saint-Ange e um amigo de seu irmão, Dolmancé, que esta última ainda não conhece, mas que é de todo o grupo o mais filósofo e o mais firme nos princípios estritamente sodomistas de sua libertinagem. Dolmancé é o equivalente libertino do homem melancólico e sublime segundo Kant: ele não cede de seus princípios. Ao lado de Dolmancé, o cavalheiro de Mirvel é um libertino banal, que ama mais as mulheres que os homens e que não faz profissão da maldade ou da indiferença em relação às dores infligidas que a vivacidade dos prazeres do libertino requer. Intervêm também dois lacaios que os amigos vão buscar para completar alguns quadros de grupo, assim como Madame de Mistival, mãe de Eugénie, que se torna prisioneira da crueldade de sua filha. Esta última declara com efeito, desde o início do jogo, que queria ver sua mãe morta e, quando aquela se apresenta, fazem-na violar por aquele dos dois lacaios que tem varíola, depois que Eugénie com suas próprias mãos lhe costurou o sexo. Lembremos, no entanto, que Eugénie só descobre nela mesma tais pendores pela voluptuosidade cruel para agradar àquele dos "amigos" que mais vai resistir-lhe. Ela menciona, é certo, seu ódio pela mãe, mas não lembra dele senão para obter de Dolmancé que ele a deflore. Primeiramente ele recusa, depois finalmente aceita sodomizá-la, uma vez que ela gritou alto e forte que queria uma vítima, sua mãe, e, malgrado todos os esforços empregados por ela, Dolmancé se recusará a fazê-la descobrir aquilo que ele não nomeia de sua feminilidade, delegando esta tarefa que o repugna ao Cavalheiro.

Isto para ilustrar a coerência dos atos com o princípio enunciado por Dolmancé, concernente à luxúria: "Nenhuma paixão necessita mais de toda a extensão das liberdades como aquela, nenhuma é também tão despótica."[13] Se a medida política que daí resulta em "Franceses, ainda um esforço..." é a de construir nas cidades da República espaços livres onde todas as criaturas serão oferecidas aos caprichos dos libertinos que ali virão gozar, exercendo a tirania de seus desejos, as cenas que se desenrolam na intimidade da alcova são como um primeiro exercício, ainda não legitimado pela República, deste perfeito solipsismo dos prazeres. É porque o prazer é solipsista que ele é absolutamente indiferente ao efeito que produz sobre outrem, e que exige, portanto, uma multiplicidade de parceiros indiferentes em si mesmos, esta indiferença não sendo nunca mais manifesta que quando os seus efeitos são cruéis. Notaremos de passagem que uma afirmação comparável estava em jogo em Kant, na maioria dos seus exemplos, porque a diferença conceitual entre as determinações empíricas ou puramente racional de um ato explodem quando a segunda "aterra" as primeiras.

Nos diálogos, Eugénie aprende rápido; ela se instrui com certeza com a Madame de Saint-Ange, que lhe ensina sobretudo como lhe é conveniente ganhar sua liberdade contornando as regras da família, do casamento e da sociedade, sendo a universalidade das ocasiões e dos objetos de seus prazeres a única norma da vida de uma jovem. Entretanto, esta universalidade permanece um tanto vulgar: "Fode, numa palavra, fode: é para isto que foste colocada no mundo; nenhum limite aos teus prazeres a não ser o das tuas forças ou de tuas vontades; nenhuma exceção de tempo, de lugar e de pessoas; todas as horas, todos os lugares, todos os homens devem servir às tuas voluptuosidades. Enquanto as leis forem tais como são ainda hoje, usemos de alguns véus: a opinião a isto nos constrange; mas indenizemo-nos em silêncio por esta castidade cruel que somos obrigadas a ter em público..."[14] A libertinagem assim apresentada não faz uma nova filosofia. Noutros tempos, a *universalitas* dos prazeres que Madame de Saint-Ange recomenda, mesmo que implique na inversão de certos usos, não faz deste momento de violação das regras a mola mesma dos prazeres em sua singularidade. Poder-se-ia dizer com Kant que as mulheres não têm o sentido do incondicionado. Mesmo que Sade advogue a maldade delas, esta maldade não explode como a razão de ser dos prazeres no estilo de Madame de Saint-Ange. Esta bem afirma o direito do único aos prazeres sem número, mas a justificativa é absolutamente outra que a do blasfemo. A crueldade ligada ao

[13] Marquês de Sade, op. cit., p. 218.

[14] *Ibid.*, p. 83.

prazer, para uma mulher libertina, é primeiramente a do tempo que passa, e de que ela se vinga pela quantidade ilimitada dos seus prazeres; a crueldade portanto não é diretamente a mola do gozo: "Fode, Eugénie, fode portanto, meu caro anjo; teu corpo é teu somente; não há senão tu, no mundo, com o direito de gozar dele e de fazer gozar com ele quem te aprouver. Aproveita os mais felizes momentos de tua vida: eles são muito curtos, estes felizes anos de nossos prazeres! Se somos bastante felizes por temos gozado, deliciosas lembranças nos consolam e nos divertem ainda na velhice."[15]

Não são estes os acentos da libertinagem masculina que faz lei no universo sadiano. Estes só aparecem nas lições prodigalizadas por Dolmancé a Eugénie, com as quais esta se deleita para fisgá-lo. "Ah! renuncia às virtudes, Eugénie! Não há um só sacrifício que se possa fazer a estas falsas divindades (as virtudes) que valha um minuto dos prazeres que se experimenta ao ultrajá-las. Vai, a virtude não é senão uma quimera... Uma só gota de porra ejaculada deste membro, Eugénie, me é mais preciosa que os mais sublimes atos de uma virtude que desprezo."[16] Não se trata aqui somente de fazer de um prazer singular o termo único e precioso entre todos; este único toma valor de incondicionado pelo ultrajo que inflige a todos os valores morais. O estilo de Dolmancé inclui, sempre e necessariamente, o sacrilégio: os objetos de prazer só formam uma série infinita porque o prazer do libertino os faz decair daquilo a que pretendiam. A gota de esperma é a jóia que mantém seu preço através do desprezo que faz pesar sobre as "virtudes mais sublimes". Em linguagem kantiana, alguém diria que o prazer do libertino "aterra a presunção" das virtudes. Portanto não há prazer sem uma quantidade de termos sacrificados, e a palavra "sacrifício" está sempre ao alcance nas lições de Dolmancé.

No blasfemo propriamente dito o sacrifício pesa sobre Deus; e se neste caso o objeto que se faz decair é único, o libertino pode jogar com a repetição indefinida dos gozos pelos quais reinstala Deus pelo prazer de destruí-lo. "Um dos meus maiores prazeres é o de blasfemar contra Deus quando estou com tesão. Parece-me que meu espírito, então mil vezes mais exaltado, abomina e despreza bem mais esta quimera desagradável... E quando minhas reflexões malditas me conduzem à convicção da nulidade deste desagradável objeto do meu ódio, eu me irrito e gostaria de poder imediatamente reedificar o fantasma, para que minha raiva pelo menos caísse sobre algo."[17]

---

[15] *Ibid.*, p. 67.

[16] *Ibid.*, p. 84.

[17] *Ibid.*, p. 113.

Não se poderia ligar mais logicamente incondicionalidade do prazer de um só, decadência infligida à transcendência do termo assim substituído e serialidade dos objetos produzida no excesso do blasfemo. O todo sendo a linguagem do gozo masculino. O outro aspecto do sacrifício dos objetos que são, ao mesmo tempo, por sua multiplicidade, o instrumento do prazer de um só é certamente a crueldade do prazer em seu próprio solipsismo: "... Não há nenhuma comparação entre o que experimentam os outros e o que sentimos; a dose mais forte de dor nos outros deve seguramente ser nula para nós, e a coceira mais leve de prazer por nós experimentada nos toca; portanto devemos, seja a que preço for, preferir esta cócega leve que nos deleita a essa imensa soma das desditas de outrem, que não poderia nos atingir."[18]

Esta frase apresenta todos os detalhes que busco descrever em sua necessidade:

1) O destacamento do termo em posição de incondicionado em seu caráter de unicidade, colocado aqui em seu valor de modo paradoxal pela afirmação de seu mínimo: a coceira mais leve, oposta à quantidade de sofrimentos impostos.

2) O efeito de relegação da série de sofrimentos de outrem, o próprio dispositivo da frase desmentindo aquilo que ela afirma a princípio, a saber, a simples exterioridade mútua do prazer de um só e dos sofrimentos dos outros.

3) O tema do sacrifício que liga o incondicionado e a serialidade ("seja a que preço for").

Nós poderíamos multiplicar estas citações à vontade, poderíamos citar praticamente todas as tiradas de Dolmancé. Poderíamos dizer que instruir Eugénie, para Dolmancé, é introduzi-la a certos torneios de frases que fazem do prazer uma jóia, um termo que o arranjo das proposições faz brilhar através de paradoxos que o opõem à série dos termos pelos quais convém organizar o desprezo. Este é o estilo da universalidade sadiana, ao qual iremos presentemente confrontar o estilo de Kant, na *Crítica da razão prática.*

Quando se relê a *Crítica da razão prática*, depois de uma demora paciente no que é conveniente chamar de inferno de Sade, fica-se surpreso com a estranha construção de um tal texto. Não basta dizer, com efeito, que o procedimento kantiano é aqui sintético *e* dedutivo e que, no entanto, trata-se de fundar o sentido comum moral em vez de criticá-lo como fizera, com o sentido comum teórico, na *Crítica da razão pura.* Toda a atenção de Kant repousa sobre a situação de um pensamento da liberdade que não seja incompatível com o que

[18] *Ibid.*, pp. 169-170.

foi estabelecido pelas leis da natureza fenomênica à qual pertencemos também nas regras do agir. E Kant se dá o direito de justapor à análise causal de nossos atos determinados naturalmente uma causalidade por liberdade, mostrando cuidadosamente que não há contradição entre causalidade e liberdade. Seja!

Só que, para instalar o reino da vontade ao lado do das inclinações sem que eles se atrapalhem teoricamente, e de maneira tal que a vida moral viva constantemente da realidade de seu conflito, o filósofo propõe uma descrição do agir em sua naturalidade que não deixa de surpreender: do ponto de vista fenomenal, diz ele, a única coisa que conta numa ação é saber qual será a intensidade do prazer que sua realização proporcionará, ao tornar real um objeto ou um estado cuja presença nossa faculdade de desejar visa. Noutros termos, a única apreensão de nossos conceitos sobre nossos atos consiste em avaliar que grau de prazer e de aflição tal ato trará. Notemos primeiramente que existe, portanto, na vida moral, uma ligação constante entre a faculdade de desejar, que produz fatos ativamente, e a faculdade de experienciar prazer e dor, que indica como um estado é real para um sujeito, determinando o grau de realidade do que este experimenta quando age. Estas precisões kantianas têm por função tornar compatíveis a análise do conhecer e a análise do agir, porque o grau de intensidade de um ato corresponde à segunda das categorias da qualidade que figuram na tabela das categorias: no conhecimento, para que um objeto seja apreendido como real, é preciso que afete nossa faculdade de recebê-lo, que seja sentido ou percebido; o elemento de determinação *a priori* desta percepção consiste na intensidade, determinável matematicamente, de sua realidade. É real um objeto percebido de acordo com um certo grau de realidade. Esta não é uma condição suficiente de determinação da realidade de alguma coisa – é preciso que sua existência seja determinada também segundo outros princípios –, mas é uma condição necessária. Apresenta-se freqüentemente o imperativo categórico opondo-o aos imperativos ditos hipotéticos que mostram como cada um dos nossos desejos, tomados em relações de causalidade "aí se prendem" para chegar a seus fins. Mas a *Crítica da razão prática* desloca o acento das formulações anteriores ao centrar a faculdade de desejar na produção de um objeto real, que não é concebível senão por seu grau de intensidade. Uma vontade patologicamente afetada procura necessariamente antecipar o efeito que produzirá aquilo que ela quer realizar, do ponto de vista do grau de prazer que este estado lhe proporcionará. Ora, o pensamento fracassa nesta tentativa: nada é racionalmente previsível quanto ao efeito prazeroso ou desprazeroso que um objeto ou uma situação terá sobre nós, ainda que seja mesmo deste único ponto de vista que se terá que pensar algo na vida de nossos desejos. A crítica de

Kant da idéia da felicidade como maximização confusa dos nossos prazeres é apenas uma conseqüência do enunciado deste paradoxo: "As representações dos objetos podem ser tão diversas quanto se queira, podem ser representações do entendimento ou mesmo da razão, em oposição às representações dos sentidos; o sentimento de prazer entretanto, graças ao qual somente elas constituem propriamente o princípio determinante da vontade (o consentimento, o prazer que se espera, que excita a atividade a produzir o objeto), é sempre da mesma espécie, não somente enquanto não podendo ser conhecido senão empiricamente, mas também enquanto afetando uma única e mesma força vital que se manifesta na faculdade de desejar e que, sob este aspecto, não pode diferir em nada de qualquer outro princípio determinante, se não for pelo grau."[19] Duas teses andam juntas: de um lado não se pode comparar, isto é, conceber princípios de ação senão pelo grau do prazer e do desprazer que o ato em si proporcionará e, de outro lado, desta intensidade nada é previsível *a priori*. "Mas nenhuma representação de um objeto, qualquer que ela seja, permite saber *a priori* se estará ligada ao prazer ou à dor, ou se será indiferente."[20] É a ligação destas duas teses, e somente ela, que permite ao fundador da moralidade abandonar a vida dos nossos desejos ao que ele chama de contingência, o acaso. E somente isto instala, em contrapartida, a vontade concernida pela lei como princípio racional de ação. É preciso poder dizer que nada é constante na ordem do prazer e do desprazer esperados, e que está portanto aí a única apreensão de nossos pensamento sobre o que determina nossos atos na ordem dos desejos, para que a lei moral apareça, como racional, incondicionada, determinável *a priori* por todo homem, etc.

Se tomamos uma certa distância, esta distância que impõe o estranho pensamento de Sade sobre o agir humano, temos de convir que este "enquadramento" kantiano da vida sensível não é menos estranho que o do Marquês. Pois, finalmente, por que deveria ele colocar que a única coisa que torna comparáveis nossos atos é a determinação da magnitude do prazer que proporcionam? Esta "ramificação" da vontade sobre a segunda das categorias da qualidade, a grandeza intensiva, responde sem dúvida a uma preocupação de coerência interna no edifício crítico. Mas não existe um outro modo de conceber a vida de nossos atos sustentados por nossos desejos? Kant coloca que tudo o que há para dizer racionalmente da realidade dos objetos e estados dos quais queremos

[19] *Crítica da razão prática*, op. cit., p. 643.

[20] *Ibid.*, p. 630.

sentir a presença é que sua grandeza intensiva imprevisível os torna concebíveis. Entretanto, se porventura fosse possível uma ciência dos desejos, a qual concebesse não a grandeza do prazer real, mas a maneira pela qual nossa faculdade de desejar se relaciona, na própria ordem sensível, à realidade ou à irrealidade do objeto que ela visa? E se nunca fosse determinada *a priori* a relação de um sujeito humano àquilo que é capaz de provocar seu prazer, sua dor, e mesmo o excesso disto que comanda sua organização de sujeito, patologicamente determinada?

Estas questões, como se vê, presentemente advêm não mais de Sade mas de Freud. Não as coloquemos ainda por si mesmas: basta no momento enunciálas para sermos atingidos pelo caráter não necessário da antropologia kantiana: que a faculdade de desejar esteja interessada na realidade dos objetos de uma maneira que não requer outra consideração, e que a vida dos nossos desejos seja contingente, isto é, ao mesmo tempo inconstante e imprevisível, isto parece evidente. O que é dado por Kant como um princípio – que "ninguém pode saber *a priori* que representação será acompanhada de prazer e qual de dor" – não é sem dúvida senão a generalização abusiva do ditame segundo o qual tudo passa na ordem dos desejos, ou ainda que a transformação do sentimento melancólico da vida segundo a qual a existência sensível deixada a si mesma se desfaz em pseudoprincípio da não-determinalidade *a priori* da grandeza intensiva de nossas experiências afetivas. Convocar aqui a grandeza intensiva tem como função poder dizer que unicamente a moralidade é racionalmente determinável. E toda a seqüência do texto de Kant confirma isto: é por oposição à contingência da obtenção dos prazeres que a vontade se descobre, de modo explosivo e evidente, determinada pela lei em que se funda.

Por que se tem necessidade de opor discursivamente a vontade racional à vida sensível para fundar a moralidade? Porque considerando-se as articulações do texto, que se apresenta como sintético e dedutivo, nunca a existência da faculdade superior de desejar é demonstrada, para falar propriamente. Ela toma consistência muito mais graças à retórica do incondicionado. Vale a pena nos determos sobre este ponto: tendo "estabelecido" que a consideração do grau de prazer, e portanto da felicidade, não comporta determinação *a priori*, Kant acrescenta: "... E então, ou bem não existe faculdade de desejar superior, ou bem a razão pura deve ser prática somente por si, isto é, sem pressuposição de um sentimento qualquer, portanto sem representação do agradável ou do desagradável como matéria da faculdade de desejar, que além do mais é sempre uma condição empírica dos princípios, ela deve poder determinar a vontade unicamente pela forma da regra prática."[21] Como aqui se vê, nada nos interdita colocar que não há faculdade de desejar superior, e é bem isto que Sade faz. A despeito da aparência dedutiva dos teoremas da razão prática, esta jamais é deduzida. No texto, isto se marca por um lado através de uma particularidade sintática dos encadeamentos, de outro lado pelo estilo:

1) Quando Kant quer estabelecer a independência da determinação da vontade pela lei, esta independência ele não a pode jamais enunciar a não ser falando de outra coisa, a saber, da determinação unicamente empírica do grau de prazer. É o que aqui recorda a fórmula "sem pressuposição de um sentimento qualquer..."; a construção da frase é aqui idêntica à da primeira que citei mais acima, quando refletia sobre a relação dos componentes incondicionado e serial do universal: "Para que a razão possa dar leis, é preciso que ela tenha simplesmente necessidade de se supor ela mesma... sem nenhuma das condições subjetivas e acidentais que distinguem um ser superior de um outro."[22] De fato, nestas formulações, a seqüência da frase desmente aquilo que o início coloca. Se verdadeiramente, na vontade moral, a razão só tivesse que se pressupor a si mesma, ela não teria necessidade de falar de outra coisa que de si para dispensá-lo. Nas frases citadas, a expressão "sem pressuposição de um sentimento qualquer..." testemunha a cada vez que o método kantiano de exposição da moralidade nunca é sintético; pois a parte da frase que começa por "sem" retoma o passo indutivo naquela que se quer dedutiva, ou seja, os *Fundamentos da metafísica dos costumes* na *Crítica da razão prática*.

2) Daí, no estilo de Kant, a evidenciação por exemplos do fato de que a lei moral "destaca" para todo homem sobre as determinações patológicas de seus atos. Donde esta retórica do incondicionado, que se desdobra no texto depois da famosa frase que deixava supor que poderia não haver a faculdade superior de desejar. Recordemos primeiramente o exemplo do patíbulo e de suas duas modalidades. Todo homem evidentemente poderá sacrificar uma "paixão luxuriosa" se deve ser enforcado tão logo sua paixão seja satisfeita: "Não se teria que procurar longamente aquilo que ele responderia." E quando se trata de não levantar falso testemunho: "Deverá conceder sem hesitação que isto lhe é possível."[23]

---

[21] *Ibid.*, p. 635.

[22] Cf. *infra*, p. 36. [As diferenças na citação constam do original (NR)].

[23] *Crítica da razão prática*, op. cit., p. 651.

Segundo exemplo: se lhes fosse recomendado um intendente notável sob todos os pontos de vista, precisando que dentre suas qualidades ele sabe utilizar o dinheiro dos outros como se fosse o seu, sobretudo se está certo de poder fazê-lo sem ser descoberto, "Vocês pensariam que aquele que lhes recomenda esse homem está debochando, ou que perdeu a razão. Os limites da moralidade e do amor de si são traçados de um modo tão nítido e tão preciso que mesmo o olho mais comum não pode enganar-se, ao distinguir o que pertence a um e a outro."[24] Kant tem um estilo, e ele é nada menos que ingênuo: quando joga com o vocabulário da visibilidade ofuscante da lei moral, esta se inscreve vizinha a suas reflexões sobre o caráter deslumbrante de certas evidências, como as do fanatismo e da extravagância. A lei moral é evidente para todos, mas ela não deslumbra. É uma jóia que não engana, pois se destaca nas "obscuridades" da busca da felicidade ou do útil: "O dever é claro, o vantajoso é de uma obscuridade impenetrável."[25] A obscuridade, que no entanto o exemplo do intendente não impunha muito, deve dizer respeito ao encontro, enquanto sendo suposta acompanhar a contingência da vida patológica, para que se destaque a nitidez na apreciação do dever. A retórica da clareza do dever aqui vem duplicar a tese de acordo com a qual não há nenhuma determinação *a priori* da qualidade afetiva das nossas experiências.

É preciso aguçar esta evidência, ilustrando-a através de exemplos, precisamente porque nunca é suspensa a primeira hipótese de que partia Kant, segundo a qual poderia não haver a faculdade superior de desejar, o primeiro "ou bem" da alternativa na frase citada acima. Nestes exemplos, a lei moral brilha como uma jóia, assim como dizia ainda o texto dos *Fundamentos*; somente que, daí em diante, o incondicionado kantiano tem um estatuto retórico que o aparenta ao incondicionado de Sade. Ele é mais invocado que demonstrado. Sua evidência nunca é uma evidência racionalmente estabelecida; ela é encenada, em frases que a instalam numa posição destacada das determinações sensíveis. Devo a Monique Schneider[26] uma outra formulação do mesmo pensamento: se a faculdade superior de desejar fosse racionalmente estabelecida, dizia ela, não se teria que mencioná-la, não se teria que saber se ela confirma ou arrasa a presunção dos interesses sensíveis. Então, com efeito, ela se pressuporia a si

---

[24] *Ibid.*, p. 651.

[25] *Ibid.*, p. 652.

[26] "Década de Cerisy-la-Salle", de julho de 1994, sobre *O masculino: identidades e disseminação*, sob a direção de H. Amigorena e F. Monneyron, Paris, L'Harmattan, 1997.

mesma; Kant não teria necessidade de se exprimir através de uma restrição: "ela não tem senão que pressupor-se a si mesma" – o que ela não faz nunca!

Concluamos: poder-se-ia dizer que não faço aqui senão redizer o que Kant diz, a saber, que a razão prática confirma as evidências do senso comum moral. Mas, quando Kant o diz, ele disjunta esta afirmação da hipótese formulada há pouco, segundo a qual poderia não haver faculdade superior de desejar. A reescrita sintética da análise indutiva dos *Fundamentos*, na segunda *Crítica...*, serve ao esquecimento do que no entanto foi primeiramente enunciado, mas deve ser excluído. Por outro lado, e sobretudo, se o incondicionado da lei só se estabelece por uma retórica daquilo que rompe com a suposta obscuridade das determinações sensíveis dos nossos atos, a necessidade desta retórica advém de que ela dispensa Kant de interrogar-se sobre as obscuridades da lógica do universal, que ele põe em jogo para fundar a moralidade. A encenação do incondicionado dispensa a reflexão sobre a relação do incondicionado com o "para todo homem" do universal serial e sobre a relação desta serialidade com a dos nossos atos, supostos serem todos equivalentes porque relegados pela evidência da lei à obscuridade e à complexidade indeterminável do patológico. O que permanece impreciso em Kant nestes relatos faz da evidência invocada do universal uma construção que resta pouco clara sobre sua estrutura? Há o impensado na filosofia dos direitos do homem; não seria talvez grave que esta filosofia soubesse que é uma construção; seria preciso ver. Mas ela prefere não se impor esta tarefa.

CAPÍTULO III

A VERSÃO SADIANA DO UNIVERSAL

Porque decide colocar o excesso blasfematório do prazer libertino em posição de incondicionado, Sade faz aparecer por contraste que o incondicionado, na moral kantiana, se reduz a um lugar num sistema teórico, e que o conteúdo deste sistema não é necessariamente o respeito pela lei. O fato da razão, vimo-lo precedentemente, formaliza, sem fundá-la, uma experiência da culpabilidade, que Kant toma como universal – se bem que tenha por um instante afirmado que as mulheres a ignoram – e que é sem dúvida específica da sexualidade masculina, bem mais que universal. Isto é dizer, por contraponto, que o universal sadiano sustenta o que promete?

A filosofia na alcova inscreve-se no limite do pensamento kantiano; ela se propõe mostrar que o formalismo do ideal dos direitos do homem e da moral poderia também acompanhar-se de uma vontade de destruir a lei, embora isto parecesse a Kant "manifestamente impossível", quando disto encontrava a eventualidade, que se apressava a descartar.[1]

A vontade de destruir a lei pode acomodar-se com uma exigência de universalidade? Esta é a questão que guiará nossa leitura da obra de Sade. Para isto tornamos a examinar como se põe a trabalhar o princípio enunciado por Dolmancé, no seu diálogo com Eugénie:

Eugénie: "Mas se todos os erros que você preconiza estão na natureza, por que as leis se opõem a eles?"

Domancé: "Porque as leis são feitas para o geral, o que as coloca numa perpétua contradição com o interesse, porque o interesse pessoal contradiz sempre o interesse geral."[2]

---

[1] E. Kant, *A religião nos limites da simples razão*, em *Obras filosóficas III*, Paris, Gallimard, p. 48-49. E *Doutrina do direito*, ibid., p. 586-588, texto e nota.

[2] Sade, *A filosofia na alcova*, op. cit., p. 176.

Poderíamos dizer que toda *A filosofia na alcova* é a ilustração desta tese[3], e sucessivamente de duas maneiras: a fantasia teatral encena os prazeres do libertino, e depois o texto inserido no quinto diálogo – "Franceses, ainda um esforço..." – universaliza a máxima da vontade má e descreve o mundo social daí resultante. Na fábula teatral e pedagógica, partia-se do interesse pessoal que não encontra a generalidade da lei senão como um obstáculo socialmente existente, mas desprovido de todo fundamento para a lógica do prazer. É um obstáculo com o qual é preciso ser astuto, pela dissimulação. Esta última toma formas diversas, de acordo com a qualidade do personagem libertino concernido por ela: do lado da mulher, a dissimulação concerne sobretudo à arte de respeitar as formas do casamento. Madame de Saint-Ange, com efeito, absolutamente não aconselha que Eugénie se torne socialmente uma prostituta – é Dolmancé quem faz uma apologia de princípio da prostituição; ela a incita a respeitar essa lei geral do casamento, infringindo-a de fato através de adultérios múltiplos e secretos. Aquilo de que é devido guardar-se tem aqui duas faces: a fidelidade ao marido, que seria uma prisão, mas também o amor de um amante, que seria outra. O segredo da felicidade, segundo Madame de Saint-Ange, é multiplicar os amantes, pagando aos lacaios para lhes comprar o silêncio, aceitando integralmente as fantasias sexuais pretendidas pelo marido, pois esta complacência garantirá a longevidade do casal oficial. Já Dolmancé propõe levar a dissimulação mais adiante: ele afirma que cometeu assassínio, porque a crueldade é o que melhor abala a massa dos nervos, mas não revelará nem mesmo a seus amigos em que circunstâncias o fez. A clivagem é praticada, portanto, de acordo com maneiras que variam com o sexo e o temperamento: à idéia kantiana de que o sujeito moral descobre-se sempre em falta com relação a uma lei cujo valor define universalmente o humano, corresponde a arte proclamada de praticar uma dupla referência, por um lado às leis gerais, e por outro às inclinações que as violam. Para dizer a verdade, nesta vulgata libertina, não se trata de uma simples separação entre o geral e o individual, não se trata também do desenvolvimento de toda uma ninhada de contradições privadas de pensamento, como sustentava Hegel na *Fenomenologia do espírito*, quando denunciava a insuficiência racional da visão moral do mundo. Com Sade, a mola responsável pela arte de conduzir sua vida é o cultivo da incompatibilidade das leis e dos interesses individuais, multiplicando os "clashes", isto é, as ocasiões de sua repugnância mútua. Eis, aqui, como se explicita a declaração de Dolmancé a Eugénie: "Mas as leis,

---

[3] No entrecruzamento de uma biologia da individuação e de uma moral do singular e da lei, se lerá: Alain Prochiantz, *A biologia na alcova*, Paris, O. Jacob, 1995.

boas para a sociedade, são muito más para o indivíduo que a compõe, pois, para cada vez que o protegem ou garantem-no, elas o perturbam e o prendem por três quartos da sua vida; também o homem sábio e pleno de desprezo por elas as tolera, como faz com serpentes e víboras que, ainda que machuquem e envenenem, servem, no entanto, algumas vezes à medicina; ele se garantirá das leis como faz com animais peçonhentos: colocar-se-á ao abrigo delas através de precauções, de mistérios, todos coisas fáceis para a sabedoria e a prudência. Que a fantasia de alguns crimes venha inflamar tua alma, Eugénie, e que estejas bem certa de cometê-los em paz, entre tua amiga e eu."[4]

A arte do *pharmakon* é, portanto, o que liga, graças ao sábio, o universal e o particular de que se trata de celebrar a dissensão através de pequenos empréstimos àquilo que repugna a cada um dos termos. Nenhuma lógica selará esta conduta porque importa justamente que ela permaneça submetida ao arbitrário inventivo do libertino. O paradoxo de Sade está aí: ele ataca a filosofia nos termos que ela mesma define, no caso, o universal e o individual, o desejo e a lei e, assim fazendo, permite crer que vai refutar a organização lógica do pensamento kantiano, já que dele denuncia as falhas. Mas tal não é verdadeiramente o ganho que se tem quando se lê Sade, que, mesmo proclamando que constrói um sistema que universaliza sem contradição a vontade do mal, faz na realidade outra coisa: em suas páginas mais repugnantes, forçar o leitor a representar-se que se está bem no mal, de acordo com a expressão de Lacan, e, nas páginas leves, inventar modos de fazer com a lei que põem fim, através do acento humorístico, aos dissabores da consciência infeliz.

Porque as leis que valem para o geral nunca subsumem o individual, segue-se que na descrição dos prazeres não há senão contrafação do geral: assim, a sociedade libertina é uma sociedade que faz exceção, como excelentemente diz Dolmancé: "... Nunca entre eles os lobos se devoram, diz o provérbio, e, mesmo trivial assim, ele é correto. Nunca temam nada de mim, minhas amigas: eu farei talvez com que façam muito mal, mas jamais lhes farei mal."[5] Não há, portanto, libertinagem senão para uma sociedade de amigos do crime, amigos entre os quais somente pode reinar a confiança ou a cumplicidade, porque se entendem sobre a particularidade dos prazeres e da necessidade, para praticá-los, não apenas de ignorar as leis, mas de contradizê-las em segredo.

---

[4] *A filosofia na alcova*, p. 176.

[5] *Ibid.*, p. 116

Sade é filósofo?

Todavia, em princípio, em Sade só há teatro; mas há também filosofia: "Prometi a mesma lógica em toda parte, manterei minha palavra", lança o autor de *Franceses, ainda um esforço*... Trata-se, portanto, em princípio, de ser mais coerente que os revolucionários, e de descrever – denunciando a aliança do teísmo e do despotismo, reivindicando a blasfêmia como mola do gozo, sobretudo legalizando o incesto, o roubo e o assassínio – uma sociedade mais consistente e que não exclua mais o sexo da organização comum. O princípio segundo o qual aquilo que vale para o geral nunca vale para o particular é ilustrado "ao avesso" em *Franceses, ainda um esforço*...; com efeito, antes de recomendar uma medida legal como a autorização do roubo ou do assassínio, Sade tem sempre o cuidado de lembrar que não se deve absolutamente legiferar para a coletividade partindo de pontos de vista individuais. Para aquele que é morto, o assassínio é um mal, mas na escala da sociedade está correto, de acordo com Sade, que todos os meios de eliminar a população excedente, quer sejam os abortos ou os assassinatos, serão bem-vindos. O motivo econômico – uma sociedade não pode sobreviver se os cidadãos são muito numerosos – serve aqui de máquina para uma apologia da destrutividade, atribuída à natureza. Até mesmo um poder real soube decifrar esta pretensa justiça imanente à violência: "Eu vos concedo a graça, disse Luís XV a Charolais, que acabara de matar um homem por divertimento, mas concedo-a também àquele que vos matará... Numa palavra, o assassínio é um horror, mas um horror muitas vezes necessário, nunca criminoso, essencial de ser tolerado num Estado republicano."[6]

Trata-se, parece, de construir a filosofia da República sobre seu próprio terreno, de mostrar como a democracia e a igualdade podem tomar corpo. Esta leitura filosófica da obra pode encontrar um apoio em vários enunciados de Sade: por exemplo, é através de argumentos notáveis que ele se vota à abolição da pena de morte, aconselhando restringir-se unicamente à violência passional dos homens no crime, banindo uma violência instaurada pela lei, "porque a lei, fria em si, não poderia ser acessível às paixões que podem legitimar no homem a cruel ação do assassinato". Efetivamente, se a crueldade está na natureza assim como a bondade, qual pode ser a pretensão de uma lei de ser destas a origem legítima? Fica-se tentado a seguir Sade, apreciando a audácia do esforço a que ele convida os cidadãos. Ou ainda, quando encara com conseqüência as relações da sexualidade e do político: porque o gozo é despótico, que nenhuma paixão

[6] *Ibid.*, p. 249.

tenha mais necessidade de toda a extensão de sua liberdade senão desta, "toda vez que não derem ao homem o meio secreto de exalar a dose de despotismo que a natureza colocou no fundo do seu coração, ele se porá a exercê-la sobre os objetos que o cercarem, ele perturbará a paz civil". Sade, portanto, propõe um modo melhor de construir a paz civil, que leva em consideração aquilo que os sistemas jurídicos comumente calam: a relação metonímica que liga os objetos eróticos aos objetos e atividades políticos. Poderíamos dar outros exemplos que concernem à instauração de um regime político fundado sobre a doçura das leis, único remédio para o fato de que não possa haver tantas leis quantas singularidades numa sociedade dada... No entanto, esta "sabedoria" do marquês não basta para caracterizar seu pensamento. Pois, ao mesmo tempo, o texto de Sade produz um som quase louco e aterrador, tendo sua vontade de coerência um acento diabólico. Em quê? Talvez não somente porque, como afirmou Annie Lebrun, Sade suspenda com conseqüência as ilusões sobre o humano, que não descobrem senão um "pedaço de abismo"[7], mas também muito mais porque a decisão de coerência lógica, de coerência mais bem-sucedida que na filosofia republicana, volta-se para uma apologia da destruição que arrebata de caso pensado a lógica, e que tem como efeito ou como função – pouco importa a ordem dos fatores – suprimir as referências introduzidas na ordem da coerência: não que a coerência tenha um valor de norma absoluta, para o pensamento. Mas, como Sade começa dizendo que vai fazer obra lógica construindo um mundo social sobre a premissa da vontade má, o leitor aceita sua proposta. Ora, este último se vê desviado sem descanso, a afirmação da vontade de assassínio, de crime e de matricídio tornando-se pouco a pouco a única razão de ser do discurso. E, como se trata de uma forma literária que se serve do "motivo" sexual para forçar o leitor a gozar quando é questão de gozo, a estar na crueldade quando se trata de fazer a apologia da crueldade assassina, etc., o dito leitor é arrebatado nos desvios do texto sem mais saber onde está, o critério de coerência não ocupando mais a função de orientador. Pois o autor, ou o narrador, não cessa de se deslocar naquilo que afirma, a única constante sendo a apologia do mal, não a decisão lógica reivindicada.

Ou antes, este sentimento que o autor não cessa de deslocar na sua proposta é talvez ligado, pelo leitor de Sade, à extrema dificuldade que tem em receber este texto de *A filosofia na alcova*. Talvez seja menos o autor quem se desloca, que é inconseqüente – no que diz, por exemplo, sobre a natureza,

---

[7] Annie Lebrun, *De repente um pedaço de abismo: Sade.*, Paris, J.-J. Pauvert, 1985 e Galimard, "Folio", 1993.

indiferente ao bem como ao mal, ou essencialmente cruel de acordo com as páginas –, que o leitor, que é posto pelo texto num lugar insustentável e que paralisa sua capacidade de leitura: todo o Sade se sustenta na correlação de dois dados: não se pode ler *A filosofia na alcova* sem periodicamente abandonar o texto para ir se masturbar, e é quase impossível, salvo detendo-se longamente na violência de um texto que acumula as ocasiões de fazer mal a quem o lê, fazer-se uma idéia sintética dos seus desenvolvimentos. E isto porque é preciso lutar contra este texto, cujo triunfo é a produção de um efeito de sofrimento e de gozo no leitor. Ora, este cenário em que consiste a leitura do livro está plenamente concorde, desta vez, com a proposta desenvolvida por "Franceses, ainda um esforço se quereis ser republicanos": trata-se de instaurar um regime de igualdade, em que todo indivíduo possa forçar qualquer outro a gozar, e de inscrever na legislação que esta é a fonte da igualdade política. Todo cidadão vale o mesmo que um outro, pois todo homem é um déspota quando goza, e a igualdade consiste em deixar desenvolver-se para todo aquele que goza o despotismo do gozo. Isto supõe esta intertrocabilidade absoluta dos cidadãos-gozantes, que se faz à imagem da substituibilidade rigorosa dos órgãos eróticos nas posturas libertinas. O universal serial encontra aqui sua expressão mais crua: e, paradoxalmente, ela se alia ao privilégio do incondicionado, porque se trata de criar uma situação de igualdade na qual todo homem só conhece seu próprio gozo, isto é, onde ele reduz todos os outros ao nível de escravos do seu prazer. Donde a legalização desejada do incesto, do assassinato. Poder-se-á perguntar como convém entender estas recomendações: no grau mínimo, como o fato de levantar uma ponta do véu que recobre as bases eróticas de que se nutre uma ordem legal? Como uma parábola fantástica, ou como um projeto de reforma política no primeiro grau? De fato, estas questões só têm uma importância relativa, pois este texto age sobre seu leitor, e não o faz num grau desprezível: ele força ao gozo, ao contar horrores que tomam a aparência de desenvolvimentos violentamente sutis. Em psicanálise, nos perguntamos freqüentemente que estatuto têm os cenários de gozo nos analisandos ditos perversos: sua complexidade, sua necessidade constrangedora para que o gozo possa abrir um caminho, fazem deles construções muito próximas de um delírio, levando-se em conta que se trata de um delírio limitado aos materiais da existência sexual, e que é, por sua originalidade congelada, a caricatura dos fantasmas de cada um. Nós nos colocamos a mesma questão lendo Sade: quando ele recomenda a criação, na sociedade de democratas, dos espaços de luxúria, grandes e confortáveis, onde todo cidadão poderá forçar qualquer outro a ser o meio do seu gozo, nos perguntamos se temos aí uma metáfora sutil da extraterritorialidade do gozo, ou se se trata da recomendação da instauração pura e simples de uma loucura sanguinária, numa apologia da crueldade pela crueldade. A escrita do texto de Sade é mais do que o desdobramento de um fantasma, no sentido em que o podem ser os escritos de Georges Bataille, precisamente porque Sade põe em ato um constrangimento a gozar e define o exercício do pensamento racional como a aproximação deste ponto de violência.

De fato, a hesitação sobre o de que se trata quando se lê Sade não se resolve senão pela força: este texto, de acordo com o momento, faz gozar ou enoja, isto é, mobiliza um ponto do humano em que nenhuma liberdade de leitura se sustenta, do ponto de vista do gozo. Somente a experiência da leitura permite, portanto, decidir o que este texto é, para além de todas as ambigüidades sobre as quais se pode glosar ao infinito, no que concerne a seu estatuto: o gozo é o forçamento, e isto sem metáfora ou deslocamento. Esta é a tese, mais posta em ato que desenvolvida. Seu conteúdo vale menos por sua simples explicitação que por este mesmo ato, que pretende assimilar o rigor do pensamento e o forçamento do gozo dos leitores. Se entendemos que este texto é uma máquina para produzir no leitor – e a evocação escrita basta – este estado de gozo forçado, de que se trata de construir o lugar na ordem social, não há mais inconseqüência. Pois a coerência e a incoerência também são definidas como transações que ligam o autor e os leitores do texto. A coerência não é somente uma característica que diz respeito ao enunciado: é o regime de um discurso que mantém a regra de uma fixidez estratégica entre autor e leitor. A incoerência é o ato pelo qual o autor arrebata o leitor, graças a afirmações que se deslocam, numa espiral de gozo destrutivo, que desemboca na morte da mãe de Eugénie, no decorrer de uma cena erótica.

É a propósito da crueldade suposta da natureza e dos prazeres que as hesitações teóricas de Sade revelam sua função de arrebatamento ao gozo. No registro da lógica do texto, de seu sentido e seus recursos literários, se poderiam levantar hesitações ou inconseqüências que nos fizeram dizer a princípio que o pressuposto de coerência de Sade, que quer censurar os filósofos, não era verdadeiramente assumido. Em particular, o texto hesita: sobre o que convém chamar de natureza, e sobre a questão de saber se o prazer é solipsista ou essencialmente cruel. Além disso, estes dois pontos fazem apenas um: o que é atribuído à natureza – indiferença quanto ao bem e ao mal, ou preferência marcante pela destruição – é também a marca, característica e ambígua, dos prazeres: são eles tomados na crueldade exercida sobre outros, ou bem o outro é somente irreal para o solipsismo do prazer? Notar-se-á que aí se trata da mesma questão que a propósito da natureza, e que ela pesa sobre a importância da crueldade. Esta última é apenas um fenômeno adjacente nas ações da natureza ou do prazer, ou então a razão de ser das suas ações? O texto inteiro encena esta questão, esfumando a diferença entre as duas possibilidades.

É bem nisto que Sade difere de Maquiavel ou de Spinoza, onde a afirmação da racionalidade do mal nunca é a razão de ser do pensamento: para Maquiavel, o mal e a crueldade existem na arte de governar, e convém que um príncipe saiba usá-los para poder fazer-se temer pelos súditos, o que é melhor estratégia política que fazer-se amar. Mas usar de uma crueldade natural, para um príncipe, não é útil senão enquanto que disso se serve sem se identificar aí, isto é, sem aí "refestelar-se", mesmo que aí gozando. Este mesmo gozo corre o risco de se transformar em armadilha na cena do poder, pois o alvo nunca é aqui a expressão da crueldade em si, mas a exploração de seus recursos para assegurar, melhor do que o faz a bondade, a estabilidade de uma relação de forças. O texto de Maquiavel jamais desliza para uma apologia da crueldade na política. Ele se atém ao fato bruto da existência desta última em alguns príncipes, e nas vantagens de sua utilização arrazoada. Poder-se-ia dizer o mesmo a propósito do estatuto da natureza espinosista, que a indiferença da natureza ao bem e ao mal é afirmada sem que esta tese vire uma louvação da destruvidade natural: os peixes grandes comem os pequenos por um direito natural, de acordo com a expressão do *Tratado político*, mas isto implica somente que as idéias do bom e do mau são noções inadequadas, produzidas pelas idéias das afecções dos corpos, e que convém não imaginar a natureza à imagem delas. O bem e o mal não existem na natureza e trata-se de não fazer da natureza uma instância portadora de intenções, que deliraria com os homens submetidos às afecções. Mas esta afirmação da amoralidade da natureza nunca se transforma em ilustração de sua capacidade de destruir, como em Sade. A ética consiste bem mais em cultivar aquelas de nossas paixões que favorecem o exercício do pensamento verdadeiro.

O recurso sadiano à noção de natureza é, portanto, muito específico, se o comparamos às concepções dos outros pensadores materialistas. Sua particularidade mais gritante é, em primeiro lugar, a ligação explícita estabelecida entre natureza e sexo, ou antes – pois Sade não emprega o termo sexo no nosso sentido –, entre natureza e maneiras de gozar. Lá onde Maquiavel falava do desejo de oprimir próprio dos grandes e do desejo do povo de não ser oprimido, lá onde Spinoza retomava o termo clássico "paixão", Sade fala de disposição de gozar, de luxúria, de prazeres libertinos, e os identifica aos "movimentos da natureza", opondo-os à educação e à lei. Para naturalizar o prazer, ele se apóia primeiramente sobre uma concepção mecanicista do movimento. Esta última serve, com certeza, para destroçar a idéia de um mestre divino da natureza: "Se a matéria age, se move, através de combinações que nos são desconhecidas, se o movimento é inerente à matéria [...] qual será a necessidade de procurar então um agente estranho a tudo isso, já que esta faculdade ativa se encontra essencialmente na própria natureza, que não é outra coisa senão a matéria em ação?"[8] Mas este tema nunca é autônomo, pois, entre os movimentos sem intenção, convém em primeiro lugar contar os desejos sexuais de toda ordem. Assim Madame de Saint-Ange expõe a Eugénie como foi que conquistou sua liberdade no casamento, satisfazendo os caprichos coprofágicos de seu marido; e Dolmancé acrescenta, em resposta ao fato de que Eugénie considera esta fantasia bastante extraordinária: "Não se pode assim qualificar a nenhuma, minha cara; todas estão na natureza; ela se divertiu, criando os homens, em diferençar seus gostos como suas figuras, e não devemos nos espantar mais com a diversidade por ela colocada em nossos traços que com aquela que colocou em nossas afecções."[9]

Para dizer a verdade, entre a natureza concebida como matéria em ação sem um princípio finalista e a natureza concebida como diversidade sem finalidade das disposições para gozar, há um grau intermediário: os movimentos da vida, estes também liberados de toda finalidade ligada a uma criação divina, que é só uma quimera "[...] desde que, melhor instruídos quanto às leis e aos segredos da física, desenvolvemos o princípio da geração, e que este mecanismo material não oferece aos olhos nada mais que o crescimento do grão de trigo, apelamos para a natureza quanto ao erro dos homens".[10] Este apelo à natureza garante que a procriação não encerre qualquer direito de Deus sobre as criaturas, e se a contingência reina nas leis da procriação, esta é uma razão para que os homens sintam-se também senhores de seus produtos, tanto quanto um humano é livre para desembaraçar-se destas excrescências de seu corpo que são as unhas. Deixemos para a seqüência este paralelo estabelecido entre as crianças e os dejetos de nossos corpos, para anotar somente que a referência à natureza viva e ao caráter sem mistério da procriação estabelece, melhor do que fazia a natureza unicamente física, que a natureza destrua tanto quanto crie. Este é um laço que articula sob o nome de natureza uma física da matéria em movimento e uma teoria do gozo: a biologia nos garante que a natureza destrói assim como nós gozamos de destruir nos prazeres. O gozo é natural precisamente porque é destruidor como a vida, que só se perpetua por um mecanismo contingente,

[8] *A filosofia na alcova,* p. 70.

[9] *Ibid.*, p. 93.

[10] *Ibid.*, p. 123.

sobre o qual os homens têm todos os direitos, e primeiramente o de interrompê-la pelo assassínio, e *a fortiori* pelo infanticídio ou o aborto.

Um silêncio de Sade: o prazer é solipsista ou deliberadamente cruel?

Neste gesto teórico que reúne pela palavra natureza uma teoria física e uma descrição dos "movimentos" sexuais que os coloca conjuntamente além do bem e do mal, Sade se distingue dos outros pensadores materialistas do pensamento ocidental, ao expor em todos os sentidos a idéia de que a natureza é o impulso ao gozo, e que é a este título que a luxúria se inscreve numa física e numa ciência da vida. A "demonstração" comporta vários pontos correlacionados:

1) Natureza e prazeres são ignorantes do bem e do mal e, no entanto, têm uma afinidade particular com a dor e a destruição infligidas.

2) As mulheres têm, num grau eminente, o segredo da crueldade nos prazeres.

3) A sodomia é a forma suprema do prazer. Ela garante seu caráter natural num sentido inédito, a saber, ela inscreve as violências eróticas na destrutividade da natureza. Esta última, com efeito, se bem que tolere nos viventes a capacidade de se reproduzirem, nunca é tão natural quanto ao contorná-la. E para Sade, não se reproduzir é destruir.

Se se considera como determinante, para a "ética" e a metafísica sadianas, a idéia ambígua do prazer tomado entre o solipsismo e a crueldade cultivada – o primeiro dos pontos mencionados –, a física e a biologia sadianas, isto é, as duas vertentes epistemológicas da sua filosofia aparecem como intermediárias para fazer passar uma ética da crueldade. O primeiro ponto comanda então a posição dos outros dois. Ninguém duvida de que se trata aí da verdadeira coerência da proposta sadiana: que a filosofia se enuncie numa alcova tem como verdade que o privilégio atribuído a uma certa estrutura de desejo – nomeadamente a de Dolmancé – comanda uma organização conceitual que tem o ar de precedê-la logicamente. Poder-se-ia então, sem forçar o texto, expor o pensamento de Sade sobre a natureza partindo de sua doutrina do prazer, tão bem quanto sua visada é a de assimilar os dois. No entanto, se queremos comparar sua filosofia como sistema com a de outros pensadores, e particularmente com a de Kant, pode ser útil respeitar a ordem de exposição que consiste em inscrever a doutrina do prazer libertino numa teoria física e biológica da natureza. Sublinharemos, então, em que o segundo ponto a ser desenvolvido, a importância da sodomia, desempenha o papel de articulação entre uma epistemologia da vida natural e uma ética da crueldade. Como a liberdade kantiana era a pedra angular do edifício critico, a sodomia é em Sade a pedra angular do sistema da filosofia libertina, pois é suposta inscrever uma teoria do desejo numa teoria da natureza, da mesma forma que a liberdade kantiana era suposta inscrever uma teoria da ação numa teoria da constituição transcendental da natureza. Se o leitor do segundo capítulo da presente obra nos concede que a pedra angular kantiana comporta alguns pontos fracos, que ameaçam o edifício, ele será levado a reconhecer que Sade não foi mais favorecido que Kant, isto é, que, com a ajuda de um uso que desliza a partir da referência ao termo natureza, Sade transforma em sistema de mundo um ato literário que consiste em privilegiar violentamente o desejo libertino encenado – ato que não tem outra verdade que a de se produzir, como todo desejo que se manifesta, ao se expor.

Partamos, portanto, do conceito de natureza tal como se define: a natureza é primeiramente a mecânica dos corpos físicos, liberta de toda referência a um criador, ou a um primeiro motor[11], e se o termo vem qualificar todas as formas de disposição ao prazer que se alçam de uma descrição pura de toda apreciação moral, é por intermédio de uma referência à sodomia: "[...] é no homem que a natureza quer que o homem se sirva desta fantasia; e é especialmente pelo homem que ela nos deu o gosto."[12] Curiosamente, a partir do momento em que a sodomia como *nec plus ultra* do gozo é invocada, o texto se torna lírico quanto ao tema da natureza. Sade, a propósito do incesto, irá até o ponto de falar das "divinas leis da natureza"[13]. E desde que evoca a sodomia, ele personifica a dita natureza: "É absurdo dizer que esta mania a ultraja. Como pode ser assim, desde que somos por ela inspirados? Pode ela ditar aquilo que a degrada? Não, Eugénie, não; serve-se-a bem tanto lá como alhures, e talvez ainda mais santamente. A propagação não é senão uma tolerância da parte dela."[14] Com esta última e curta frase se sustenta a pedra angular do edifício sadiano: a propagação é só uma tolerância da parte a natureza. Esta afirmação, que será repetida assim em vários momentos dos diálogos – por exemplo: "[...] a propagação não é absolutamente o alvo da natureza: ela é apenas uma tolerância..."[15] –,

---

[11] *Ibid.*, p. 70.

[12] *Ibid.*, p. 98.

[13] *Ibid.*, p. 107.

[14] *Ibid.*, p. 98.

[15] *Ibid.*, p. 122.

não consiste em desnaturalizar o pulsional, como seria o caso em Freud, nem em distinguir sexo e natureza – o que implica efetivamente que a reprodução não seja a norma do sexo. Não, em Sade, trata-se de afirmar que a sodomia é natural porque é destrutiva como a natureza. A invocação da natureza é feita do ponto de vista de uma apologia da destruição e a sodomia é colocada como destruição, porque não serve à reprodução. Seja qual for o alcance histórico de uma tal situação polêmica da sodomia, que no século XVIII era considerada um crime, não se pode da mesma forma senão se espantar com o sofisma sadiano: não reproduzir é destruir. A razão deste sofisma é patente no texto: é porque se trata de magnificar uma violência interna aos movimentos do prazer que a crueldade exercida refina, que, por conseguinte, a sodomia é qualificada de destrutiva, e inscrita na natureza física e biológica, a tal ponto que a imaginação libertina vem aí, num raciocínio tortuoso, a representar uma crueldade da natureza em si que, servindo-se das fantasias sodomitas, visaria a extinção da espécie humana: "A propagação não é senão uma tolerância de sua parte. Como poderia ela ter prescrito por lei um ato que a priva dos direitos de sua onipotência, porque a propagação é só uma seqüência das suas primeiras intenções, e porque novas construções, refeitas por sua mão, se nossa espécie fosse absolutamente destruída, se tornariam novamente intenções primordiais, cujo ato seria bem mais lisonjeiro para seu orgulho e sua potência." É verdadeiramente necessário, para cessar de condenar a sodomia, imaginar uma destruição da vida, e uma criatividade biológica que não passaria pela reprodução sexuada?

E, sobretudo, por que colocar na conta de uma suposta natureza, e onipotente ainda por cima, o gozo de um libertino ao exercer uma crueldade? Não é suficiente lembrar que este exercício é "o que abala melhor a massa de seus nervos"? Há dois momentos no delírio sadiano: o primeiro consiste em colocar que não se reproduzir é destruir, sem se aperceber que aí está uma lógica ruim; e o segundo é hipostasiar numa natureza destrutiva uma destrutividade de certos prazeres, que acreditam encontrar por aí cartas de nobreza filosófica, enquanto esta destrutividade se formula somente por uma metáfora vital, que a dispensa de interrogar-se sobre a ambigüidade da concepção dos prazeres que localiza: o prazer é solipsista e por aí secundariamente cruel, não querendo saber do que produz sobre os objetos que lhe concernem, ou bem é tomado, ao contrário, na crueldade exercida sobre o outro a quem o libertino se sente semelhante? Na falta de elucidar esta questão, Sade faz como fazem sempre os filósofos, a acreditar em Spinoza; ele faz delirar a natureza, pretendendo inscrever nela uma lógica passional que se exacerba ao se tornar cega quanto a si mesma.

Apresentemos as coisas de outro modo: somos tentados a sustentar que, invocando a santidade da natureza em sua destrutividade, Sade faz obra de pensamento racional, que inverte a idéia de natureza nas filosofias jurídicas, e que fazendo assim personifica por sua vez a natureza. Isso seria apenas um torneio de estilo, inteiramente dominado por um propósito teórico. Ora, a coisa corre neste texto de modo absolutamente outro: a atribuição à natureza de uma destrutividade diabólica intervém no lugar de uma análise da crueldade dos desejos libertinos. Inscrever o mal na natureza da vida é renunciar a definir a destrutividade do prazer, que é o verdadeiro tema da obra. Se queria fazer obra de filósofo, Sade teria devido pronunciar-se sobre a relação do gozo com o mal. Em lugar disso intervém, como um desvio ou como uma metáfora que se toma por uma metafísica materialista, uma teoria de vida: a apologia da sodomia é verdadeiramente o instrumento deste deslizamento obscuro. O que é que quer dizer não se reproduzir é destruir? Que há no gozo sodomita um forçamento do prazer que é sua realização, ou bem que os humanos que não têm descendência participam de uma destrutividade suposta da natureza biológica, que admitiu a reprodução apenas como um erro que conviria corrigir? A apologia da sodomia joga com as duas situações de maneira confusa. E, como precedentemente se sugeriu, esta confusão leva a uma indecisão sobre a natureza do prazer, que o teórico, tão animado que esteja no entanto pela vontade de tudo esclarecer sobre a relação do prazer e do mal, não chega a resolver. Escutemos: tendo inscrito o assassinato na natureza, e com ele o infanticídio e o aborto, Dolmancé chega à crueldade própria aos prazeres: "[...] não se trata de saber se nossos procedimentos agradarão ou desagradarão ao objeto que nos serve, trata-se somente de abalar a massa de nossos nervos pelo choque mais violento possível; ora, não se duvida de que, a dor afetando bem mais vivamente que o prazer, os choques resultantes em nós desta sensação produzida nos outros serão essencialmente de uma vibração mais vigorosa, refletirão sobre nós mais energicamente, colocarão em circulação mais violenta os espírito animais que, determinando-se sobre as regiões baixas pelo movimento de retrogradação que lhes é essencial então, abrasarão também os órgãos da voluptuosidade e os disporão ao prazer."[16] Os choques resultantes sobre nós desta sensação produzida nos outros... Eis aí uma notação bastante sutil: é quando é infligida a um outro que a dor pode se transformar em volúpia para aquele que a inflige. Mas, em lugar de analisar a particularidade deste prazer, Sade faz dele um sistema de mundo: "Como poderia a natureza, que nos aconselha sempre a nos deleitarmos, que

---

[16] *Ibid.*, p. 127.

nunca imprime em nós outros movimentos, outras inspirações, um momento depois, por uma inconseqüência sem par, assegurar-nos que não deve, portanto, nos aconselhar a nos deleitarmos se isto puder causar dor aos outros? Ah! acreditemo-lo, acreditemo-lo, Eugénie, a natureza nossa mãe não nos fala senão sempre de nós; nada é tão egoísta como sua voz, e o que reconhecemos aí de mais claro é o imutável e santo conselho que ela nos dá de nos deleitarmos, não importa às expensas de quem..."[17] Que sejam seguidas as inflexões deste texto: partindo de uma análise bastante fina desta relação paradoxal com um outro que sente a dor antes que o libertino possa gozar de seu contragolpe de prazer, a seguir o texto projeta na mãe natureza um egoísmo simplificador, que libera o libertino daquilo que ele faz, mas ao mesmo tempo dissolve, ao dissolver-se numa potência cósmica de destruição, a especificidade do seu ato que, por si, não fazia uma verdade.

Concluamos: se o objetivo de Sade é abordar uma certa direção da volúpia, que chama de seu despotismo, e que entretém com seus objetos uma relação que mistura prazer e crueldade, *A filosofia na alcova* é um texto que chega às vezes a tornar audível o contexto daquilo que se chamou sadismo. Mas, se este texto visa fazer crer que esta forma violenta do desejo articula os prazeres à vida e à natureza, que seriam essencialmente destrutivas, ele não é mais que uma projeção naquilo que se nomeia então natureza querendo construí-la como um todo, pelo objeto incondicionado de um ódio que se figura como matricida. Inscrever a crueldade do prazer na natureza, fazer da sodomia um ato que seria biologicamente destruidor, revelar o assassinato, o roubo e o incesto em sua espontaneidade suposta não contribui para explicar como é que as leis gerais podem coexistir com a particularidade das volúpias; é antes dissolver a crítica da noção de universal numa apologia do incondicionado, que se serve da palavra natureza para parar de pensar.

Nestes termos, os limites do texto de Sade não estão absolutamente distantes dos limites do texto de Kant: lembremo-nos de que o conceito de natureza, em Kant, muda de sentido da primeira para a segunda *Crítica*. Em seu período de intransigência crítica, Kant definia a natureza como o estrito correlato da organização do dado pelo espírito: "Por natureza (no sentido empírico) entendemos o encadeamento dos fenômenos, quanto à sua existência, segundo regras necessárias, isto é, segundo leis."[18] Esta restrição necessária trazida ao

[17] *Ibid.*, p. 84.

[18] E. Kant, *Obras filosóficas I, op. cit.*, p. 946.

sentido da palavra "natureza" parece fazer corpo com o kantismo, e abrir por aí uma perspectiva resolutamente atéia sobre a natureza, porque fenomenal e desprovida de todo finalismo. Ora, quando ele compara, na *Crítica da razão prática*, a situação do pensamento com relação aos dados da intuição, e com relação aos dados do senso comum, Kant se dá à liberdade de falar como que de uma realidade de uma natureza supra-sensível, embora o estrito rigor crítico não devesse fazê-lo encarar esta noção senão como uma Idéia da razão prática, que o discurso filosófico nunca deve colocar como real, mas somente como não-contraditória. Sabe-se da atenção que Kant concedia, na *Dialética transcendental*, a estes raciocínios nos quais o pensamento raciocina sobre o Eu [*Je*], o mundo e Deus, encadeando proposições em que estas noções são freqüentemente colocadas como puros correlatos de pensamento, muitas vezes erradamente, como seres existentes. Esta capacidade ilusória dos nossos raciocínios de dar existência a puras Idéias pelo jogo do encadeamento das proposições de um silogismo era, na primeira *Crítica*, o mecanismo mesmo da ilusão transcendental. Ora, quando ele define, no capítulo intitulado "Da dedução dos princípios da razão pura prática", a noção de natureza supra-sensível, o jogo do discurso faz com que caia nesta mesma ilusão transcendental. O texto começa mencionando, por duas vezes seguidas, a relação da moralidade com uma "ordem inteligível das coisas", em relação à qual somente nossa ação moral toma sentido. Esta ordem inteligível das coisas é a idéia de um mundo das vontades racionais. Estabeleçamos isto: esta noção pode, com efeito, sem incoerência, tomar lugar ao lado da noção de natureza que, sozinha, pode ter creditada uma existência. "Pois a liberdade, se nos é atribuída, transporta-nos a uma ordem inteligível das coisas."[19] No momento mesmo em que cuidou de precisar que a lei moral não nos dá nenhuma visão sobre esta ordem inteligível, Kant adianta, entretanto, que ela anuncia um mundo do entendimento puro "e o determina de modo positivo e nos faz conhecer disso alguma coisa, a saber, uma lei."[20] Dir-se-á que até aqui tínhamos a ver com um trabalho de ourives, pois a lei moral, este Fato da razão, pode ser conhecida na experiência do dever sem que a ordem inteligível das coisas seja colocada pelo pensamento como real, isto é, dada à intuição. Entretanto, na frase seguinte, Kant vem a falar, no interior de frases construídas da mesma maneira, gramaticalmente falando, da natureza sensível, que faz de nós seres patologicamente determinados, e da natureza supra-sensível que não é

---

[19] E. Kant, *Obras filosóficas II*, op. cit., p. 658.

[20] *Ibid.*, p. 659.

mais declarada somente como "determinável", como o mundo do entendimento puro, mas que, graças ao uso equivocante do verbo "ser", é colocada como existente, o que é exatamente o mecanismo da ilusão transcendental. Na frase que se segue, atentar-se-á para o fato de que a dita natureza supra-sensível, primeiramente colocada como o correlato de um dever-ser, é finalmente colocada como sendo: "Esta lei deve dar ao mundo sensível, considerado como uma natureza sensível (no que concerne aos seres racionais), a forma de um mundo do entendimento, isto é, de uma natureza supra-sensível, sem no entanto estilhaçar seu mecanismo. Ora, a natureza, no sentido mais geral, é a existência das coisas sob leis... E, como as leis segundo as quais a existência das coisas depende do conhecimento são práticas, a natureza supra-sensível não é outra coisa, na medida em que podíamos fazer disso um conceito, que uma natureza submetida à autonomia da razão pura prática." Mesmo se Kant quer dizer com esta frase que a natureza supra-sensível é uma idéia, jamais colocada como real, o simples fato de construir um paralelo gramatical entre a natureza no sentido empírico e a natureza "no sentido mais geral" confere a esta última o estatuto indevido de uma realidade existente. Esta ilusão que Kant nos ensinou a desmontar e a reconhecer como tal se opera aqui ao mesmo tempo pela gramática e pela ambigüidade do verbo "ser", e por um deslizamento semântico: o texto passa da "ordem inteligível das coisas", sendo fácil distinguir a noção de ordem da noção de existência, à de mundo que, como ele mesmo mostrou, faz mais facilmente gancho para a ilusão transcendental, e finalmente à de natureza que, apesar das precauções que ele toma com o conteúdo do seu discurso, nos faz cair, por sua forma, na crença na existência do supra-sensível. O termo com o qual se reintroduz a crença é, aqui como em Sade, o termo "natureza". Natureza colocada como sagrada porque destrutiva neste, e que é também para ser destruída na figura do materno; natureza que, ao contrário, é o próprio elemento do nosso ser supra-sensível naquele – pouco importa, no fundo, com relação ao ponto que nos ocupa: é porque Kant não se apercebe das confusões inerentes ao conceito de universal praticado por ele que reintroduz sob o termo natureza uma existência do supra-sensível; e é porque Sade não vai muito longe no programa que se fixou, de repensar os paradoxos da disjunção entre o universal e o particular, que ele sacraliza novamente, mesmo que pela derrisão, a natureza destrutiva e a ser destruída. A natureza é, em Sade como em Kant, o sintoma daquilo que resta como impensado nos pensadores do universal.

CAPÍTULO IV

Deve-se buscar o Universal na Beleza?

O conceito de universalidade foi até aqui considerado do ponto de vista da sua consistência interna, e também do seu uso – justamente tendo em conta as confusões que o afetam –, para conceber a diferença dos sexos em psicanálise. Agora vou encarar menos sua definição que sua função, porque se trata de submeter um terreno como o da arte à disciplina do universal e do particular. Isto supõe uma leitura da *Crítica da faculdade de julgar*, sempre de Kant, mas também uma confrontação dos resultados da obra com uma outra aproximação da produção na arte, que será feita tomando como exemplo uma outra, a de Leonardo da Vinci.

Por que Leonardo? Porque ele é um artista que falou notavelmente bem de sua técnica e porque, ao confrontarmos o espetáculo de suas obras com seus escritos, percebemos muito bem que não se pode ao mesmo tempo compreender o que é uma técnica pictórica e buscar o universal na beleza. Digo-o um tanto brutalmente para começar: a obsessão do universal impediu Kant de compreender o que é a produção e a contemplação daquilo a que chamamos de belo na arte. E, se queremos poder descrever a produção artística, devemos cessar de empregar os termos universal e particular, pois não é este o problema. Em arte trata-se de que, se a questão do universal está do lado da lousa? De sublimação, certamente, de modo que se confrontará a noção kantiana de satisfação desinteressada com a noção freudiana de sublimação, o que finalmente permitirá um retorno sobre os destinos das pulsões perversas na arte, que o esquema do universal e do particular fracassa também em conceber.

Primeiramente uma palavra sobre a brutalidade deste julgamento que concerne à terceira *Crítica*. Esta obra é um livro maravilhoso, delicioso. Um puro momento de pensamento, através do qual Kant reavalia aquilo que colocou anteriormente – a finitude do conhecimento de objeto, e os rigores necessários da moralidade – e onde, sem renegar o que estabeleceu precedentemente, ele faz variar o sentido disso, assegurando a unidade diversificada das nossas experiências e do nosso pensamento: a experiência do sublime aparece como o avesso estético da experiência moral, a beleza é caracterizada como a promessa da felicidade, que escapa no entanto à moral assim como à arte, mas por meios a cada vez específicos e que se respondem. Os jogos da imaginação se inscrevem harmoniosamente numa relação das faculdades libertas das amarras do esquematismo, e conseqüentemente o próprio esquematismo se acha redefinido como sendo um constrangimento que a razão se impõe no conhecimento físico, mas que não pertence ao pensamento de toda realidade, e talvez não ao conhecimento da vida. A finalidade, subjetiva e objetiva, é reintroduzida no exercício do julgamento, dando novamente um sentido à ambigüidade da palavra natureza, que concerne sempre e ainda ao universo, pelo homem intocado, e que manifesta na vida e na beleza uma espontaneidade que não se pode não lhe atribuir. Desta espontaneidade que é a natureza, o gênio artístico, em sua opacidade própria, sabe ocupar o posto, já que mantém justamente o lugar desta espontaneidade irredutível às leis unicamente físicas de constituição de uma natureza. Os princípios *a priori* que obram no conhecimento aparecem como outras tantas restrições, necessárias mas circunscritas, a relações de nossas faculdades de outro modo englobantes, e que nos reconciliam com o mundo e com nós mesmos, porque, nesta diversidade de usos, trata-se sempre, como Kant diz freqüentemente, das mesmas faculdades de conhecer, isto é, destas faculdades – sensibilidade, imaginação, entendimento e razão – que foram primeiramente definidas no conhecimento do objeto em sentido estrito, mas que sempre são elas mesmas – e nós, com elas, sempre nós mesmos – na paz reencontrada dos pontos atirados acima do abismo da separação entre a razão teórica e a razão prática.

Em resumo, para numerosos dos seus leitores, a *Crítica da faculdade de julgar* seria o grande livro de Kant e também uma obra de apaziguamento. Mas, mesmo que restaure uma harmonia que se acreditava perdida depois da *Crítica da razão pura*, isto não significa que este livro maravilhoso de sutileza seja verdadeiro. E precisamente, não é verdadeiro quando trata do belo, pois para articular a arte ao conhecimento e à moral, e portanto unificar a razão em todos os seus estados, ele reutiliza a categoria da quantidade, e a idéia de universalidade dos julgamentos de gosto, que disto depende, de uma maneira que não é menos arbitrária, a propósito da beleza, do que já o era, na descrição da ação humana, a propósito da moralidade.

Satisfação desinteressada e universal sem conceito

Para dizer as coisas mais uma vez, de outro modo, Kant define o gosto através de duas expressões: satisfação desinteressada e universal sem conceito (a finalidade sem fim nos reterá menos aqui); ora, a segunda destas expressões impede-o de aproveitar-se do interesse da primeira. "Satisfação desinteressada", esta noção efetivamente só pode chamar a atenção: quem não experienciou o apaziguamento calmo em que consiste o prazer que as coisas belas dão? Que se trate verdadeiramente de uma satisfação enraíza a experiência estética na faculdade de experimentar prazer e aflição, e indica ao mesmo tempo que nossos desejos, neste prazer, conhecem uma transformação. Esta transformação, Lacan a definiu recentemente, no *Seminário XI*, ao falar do efeito pacificador, apolíneo, da pintura, que apazigua a busca do olhar na pulsão escópica: "Ele (o pintor) dá algo como pasto ao olho, mas convida aquele a quem o quadro é apresentado a depositar aí seu olhar, com são depostas as armas."[1] Este mesmo fenômeno de destacamento, Kant o definia dizendo que, na experiência da beleza, o prazer não adere mais a seu objeto, é indiferente à questão da realidade deste último. Desde a distinção feita no *Filebo*, entre prazeres mistos e prazeres puros, isto é, a que não se segue a experiência de uma falta, os filósofos, mas não somente eles, estão à procura desta modalidade transformada de nossos desejos. O próprio Platão, no *Banquete*, dizia também que, na educação erótica e filosófica, para não sermos escravos do objeto de nossos desejos, trata-se de, nos "descolando" de um objeto único, apreender a idéia da beleza que se perfila na ocasião da multiplicação dos objetos belos. A experiência da beleza é este momento em que a ligação a um objeto cessa de ser uma cadeia, e mesmo quando o atrativo erótico não é imediatamente ultrapassado. As artes do belo, segundo Kant, permitem que nós nos instalemos por conseguinte, desta vez, nesta liberdade com relação ao que nos amarra e que no fundo todos os teóricos buscaram caracterizar. Não se poderia dizer que a noção freudiana de sublimação de uma pulsão, que se ilustra na arte de modo privilegiado, corresponde no inventor da psicanálise a esta mesma abordagem? Uma pulsão sublimada é uma pulsão cujo alvo é transformado: não se trata mais de uma satisfação sexual direta, efetiva, e entretanto o desejo que subtende a criação não renunciou a si mesmo como no recalcamento; ele tem prazer em expressar-se, em transformar-se numa representação de si que poderá também despertar noutros humanos o reconheci-

[1] J. Lacan, *O Seminário*, livro XI: *Os quatro conceitos fundamentais da psicanálise*, Paris, Seuil, 1973, p. 93.

mento destes desejos neles presentes, sempre vivos mas recalcados. Não se trata, em todas estas formulações, da mesma coisa que concerne ao belo? Em particular, a filosofia kantiana e a psicanálise dizem a mesma coisa sobre este momento da beleza? Justamente não, mas ainda é preciso dizer em que consiste esta diferença decisiva. Assinalemos simplesmente, no momento, que mesmo que Freud, a propósito da sublimação[2], defina bem uma modalidade da pulsão que não mais reivindica a satisfação sexual imediata, ele não diz menos que o prazer, na arte, não renuncia a nada. Se ela substitui o prazer tirado da existência de um objeto cobiçado por um prazer obtido na representação, algo da onipotência dos desejos infantis continua a sustentar a atividade do artista, e é mesmo isto que promove seu êxito paradoxal nos efeitos de reconhecimento que produz nos outros: é uma experiência lúdica de onipotência partilhada que o prazer do belo proporciona, porque o artista revela o que os outros não sabiam ver, ouvir, sentir neles mesmos. Prazer que se poderia dizer desinteressado, porque transformado em seu alvo; e no entanto Freud não diria que o gosto é um julgamento, nem que é nisto que rompe com as amarras dos sujeitos a seus objetos. A sublimação não implica nenhuma "faculdade superior de experimentar prazer ou aflição", e não distingue faculdade de desejar e faculdade de experimentar desejo e aflição. Sublimar é um destino da pulsão, e como tal é um fazer, uma produção carreada por um desejo, ela não é um julgamento reflexivo.

O que caracteriza Kant, com efeito, é a ligação que ele estabelece entre a idéia do desinteresse e a do julgamento. Não se pode ser livre com relação ao desejo que nos amarra a coisas reais senão julgando; e se se julga, faz-se intervir nestes julgamentos a categoria da quantidade, e portanto o conceito de universalidade. Kant não pensa o destacamento do interesse pela existência do objeto, na arte, a não ser comentando "satisfação desinteressada" por "universal sem conceito".

A "generalidade comparativa" dos prazeres mundanos e a "universalidade sem conceito" do belo

Releiamos alguns parágrafos – do 6º ao 9º – da *Crítica da faculdade de julgar*[3], onde as distinções fundamentais são colocadas. Primeiramente, diferen-

---

[2] S. Freud, *Uma lembrança de infância de Leornado da Vinci*, trad. Marie Bonaparte, Paris, Gallimard, 1927, particularmente os capítulos I e V.

[3] E. Kant, *Kritik der Urteilskraft, Werkausgabe Band*, X, Suhrkamp Taschenbuch Wissenschaft, Frankfurt am Main, 1974, p. 124 e seg. Traduzi os textos que comento e consulto igualmente

temente de Platão e também de Freud, Kant separa a faculdade superior de experienciar prazer e aflição da faculdade de desejar: dizer que o belo não é o agradável nem o bem é não autorizar-se a tratar do belo senão uma vez estabelecida a distinção entre os desejos que se interessam pela existência do seu objeto e aqueles que se interessam apenas pela representação do dito objeto. Os desejos morais querem a realidade de certas situações, eles são interessados; os desejos sensuais estão absolutamente e, ao que parece, muito bobamente ligados à presença do objeto de que querem gozar. Esta célebre distinção kantiana entre o bem, o agradável e o belo é de fato um verdadeiro festival da universalidade. Refletir sobre a arte, para Kant, é precisar de que ordem sutil, nem somente empírica nem absolutamente transcendental, surge a busca de universal que nos faz dizer: "É belo". É preciso multiplicar os termos que qualificam as formas diversas do universal: mesmo o agradável é freqüentemente suscetível de uma "generalidade comparativa" ligada à cultura das sensações no que se chama de prazeres mundanos. Sabe-se que Kant apreciava muito os jantares de gala, e importa-lhe pensar o estatuto da comunidade, lábil mas preciosa, que se forma aí pelo espaço de uma noite. Suponha-se um homem que sabe entreter seus convidados encantando todos os seus sentidos no decurso de um repasto e fazendo-os gozar daquilo que os liga, enquanto o prazer da conversação entretém e toma o lugar dos sentidos gustativos. Não se dirá, entretanto, que este homem tem gosto; a comunidade que se desenha aqui se faz muito rente às sensações para isto, mas se dirá que aí se trata de suscitar uma "generalidade comparativa": os convidados formam um todo, porque juntos tiram proveito dos mesmos prazeres graças ao talento de seu hospedeiro, mas este todo permanece sendo uma comunidade de fato; ela nada tem de juridicamente fundado, não poderia justificar-se por um direito ao universal no prazer experimentado, nem por uma obrigação de experimentá-lo.

O fato de que Kant nomeie esta comunidade de "generalidade comparativa" é absolutamente interessante para nossa proposta: isto quer dizer que, na comparação dos prazeres, o todo não se destaca aqui como faria uma instância fundadora dos fatos, o que era o caso, por exemplo em moral, da instância incondicionada chamada lei. Adiantei, no primeiro capítulo, que o destacamento desta instância com relação à série total dos fatos que ela julga é talvez característico de uma estrutura masculina do desejo, que não há necessidade de

duas traduções recentes: a de J. R. Ladmiral, M. B. de Launay e J. M. Vaysse, em *Obras filosóficas II*, Paris, Gallimard, 1985, p. 967 e seg., e a de Alain Renaut, Paris, Aubier, 1995, p. 189 e seguintes.

destacar o incondicionado senão para um desejo que totaliza a série de seus objetos substitutivos e que, na sexualidade feminina, a relação com a lei ou bem não existe, como Kant adiantou num certo momento, ou bem se funda num outro processo, diferente da formação de um ideal ligado a uma série de objetos que a lei torna equivalentes. Mesmo que, em 1798, Kant tenha se esquecido das observações que ousara fazer em 1764 sobre o fato de que nas mulheres nada é da alçada do dever, é interessante notar que ele examina, no entanto, experiências estéticas nas quais o acordo das sensações experimentadas pelos convivas permanece imanente ao próprio sentir. Nossa filosofia interessa-se em dizer presentemente que os convivas gozam juntos de sensações que partilham; uma comunidade fugaz é aí criada, mas continua sendo um puro fato, que não pode pretender qualquer justificação racional.

O julgamento de gosto é inteiramente outro: a pretensão a uma validade universal é, segundo Kant, verdadeiramente constitutiva deste último; ela lhe pertence essencialmente, mas de um modo paradoxal: na emoção estética, que diz "É belo", exige-se o assentimento de todos, mas esta exigência não pode se justificar através de razões; é como uma universalidade à espera de si mesma, e Kant pronuncia esse termo espera: espera-se a adesão de cada um no julgamento de gosto, trata-se de um universal de ordem jurídica, mas que, por não poder se justificar como se justifica um princípio moral ou jurídico, cria esta comunidade à espera de sua própria justificação, que Kant denomina de senso comum. Não é mais o gozo comunicativo de um jantar mundano, é a exigência de uma comunidade de julgamento que desperta eventualmente de uma emoção estética, e que guarda esse algo de empírico que o termo espera diz aqui. O julgamento de gosto é a espera de uma universalidade, mas que seja a adesão efetiva de cada um e não a participação numa comunidade que saiba dizer do que é feita, e que poderia obrigar todo humano a aí se inscrever. A universalidade não é um postulado da razão estética como é um imperativo da razão prática, mas está implicada no próprio coração do julgamento de beleza, e esperada como uma voz universal, como um concerto. Ao afinar as expressões que especificam as formas de universalidade, Kant joga com a etimologia dos termos que emprega: o acordo sobre o belo (*Einstimmung*) é esperado como uma voz universal (*allgemeine Stimme*). Isto é intraduzível em francês e interessante, pois que se trata de conjugar uma realidade empírica, a voz – que já era importante nas conversações dos jantares mundanos –, e uma comunidade de direito, que não é mais a generalidade comparativa destes jantares. Interessante também porque a metáfora da voz qualifica também o dever moral: o imperativo categórico que se dirige a todo homem é a voz da razão, mas em moral não pode tratar-se senão de uma metáfora, enquanto na experiência estética aquele que diz "É belo" tem necessidade do assentimento efetivo dos outros; é a opinião deles que ele quer ouvir, quando se arrisca a julgar bela tal obra, e não há aí uma metáfora. Isto é sutil e ambíguo: num sentido, é porque o belo não pode ser racionalmente postulado como universal que ele vem à luz numa partilha empírica, mas de direito atribuível a todos. Daqui em diante, esse algo de empírico que caracteriza a espera faz com que a vida estética seja civilizadora, pois que faz com que os homens vivam em conjunto, e de um modo que não é o da simples partilha das sensações, mas o do exercício do julgamento: na experiência estética, atribui-se a todos a mesma opinião que é a sua própria, e os desacordos, que de fato não deixam de ocorrer a propósito de tal ou qual objeto, nada subtraem do fato de que os homens buscam a unanimidade, que é também o direito do belo, mas um direito perpetuamente à espera de sua própria formulação. Atribuir aos outros sua própria opinião necessariamente, tal é o espaço de desdobramento do gosto, e é essencial que o assentimento seja lúdico, se bem que não seja pensado como facultativo: este jogo designa o fato de que, na busca de universalidade, não são nossos sentidos que comandam, mas sim nossa reflexão. A impressão da beleza nunca concerne finalmente ao objeto em si, Kant termina por dizê-lo cruamente; mas o acordo sentido das nossas faculdades, que se desenvolve na ocasião da quase-presença de um objeto, e portanto igualmente esta universalidade esperada como um direito são, no fundo, mais uma ocasião de encontrar nossos semelhantes, de sentir que são semelhantes graças mais a este prazer partilhado do que a um prazer tirado dos objetos. A beleza nunca é objetiva; ela é o desdobramento de uma subjetividade universal, que os homens exigem sem poder justificá-la nas ocasiões onde é encontrada.

Poder-se-ia prosseguir ao infinito o comentário destas afirmações de Kant sobre o universal "em jogo" na beleza: a exigência de universalidade é mais que uma constatação e menos que um princípio. O julgamento de gosto não faz senão atribuir a cada um o assentimento que suscita, como um "caso particular da regra, de que espera a confirmação não através de conceitos, mas da adesão dos outros". O universal esperado liga os sujeitos sem objetivar sua ligação, e entretanto os homens têm razão de dizer "é belo" como se o belo fosse objetivo, porque o julgamento estético tem isto de análogo com um julgamento de conhecimento, que pode pressupor sua validade para todo homem. O erro da linguagem comum é portanto justificado como uma alusão à função transcendental do universal, determinante na razão teórica, reflexiva na razão estética.

O essencial é que, ao descrever este jogo, a vida estética se põe em relação com o conhecimento, a moral, o conhecimento do vivo, e mesmo a filosofia da história e do direito, porque este universal que se desenrola na ordem dos fatos enquanto se define como um direito é o que rege também a história como advento do direito, justamente. Entre a insociável sociabilidade dos homens e o senso comum que o belo exige, pode-se portanto descrever outras passagens e outras harmonias. De modo que aquilo que nomeei de a sutileza de Kant, como fazendo aparecer o universal no julgamento de gosto, indica de fato que, interessando-se pelo belo, Kant interessa-se sobretudo pela coerência de seu próprio pensamento. Se há jogo na *Crítica da faculdade de julgar*[4], não é essencialmente porque Kant se diverte organizando com arte remetimentos sem fim entre os diversos aspectos do seu pensamento? A noção de universal é o instrumento deste jogo de espelhos, mas se poderia também dizer que ela cobre a operação. Pois finalmente, nesta sedução exercida pela arquitetônica kantiana, graças ao trabalho efetuado sobre a noção de universal, trata-se verdadeiramente da beleza?

"Dedução" do julgamento de gosto?

Retornemos por um instante ao § 6 da terceira *Crítica*, isto é, à passagem da definição do belo, como aquilo que agrada independentemente de todo interesse, à noção de universal sem conceito, pois aí nós reencontramos uma espécie de cenário, ou de cena, a meio caminho entre um exemplo e um conceito, que já havíamos notado na análise da moralidade, e que, lá, permitia a Kant declarar como idênticos o sentimento de estar em falta diante da lei e a idéia de que a lei vale para todo homem. Aqui, a universalidade se introduz a partir da questão da não-importância da realidade do objeto que se julga belo: "O de que alguém tem consciência, sabendo que a satisfação que aí encontra é para si mesmo indene a todo interesse, ele não pode julgá-lo de outro modo senão dizendo que este objeto deveria conter o princípio de uma satisfação para todo homem." O julgamento que atribui a seja quem for a satisfação da beleza é colocado como sendo o comentário necessário do destacamento; e como de fato não há nenhuma evidência nesta transição que no entanto ele nomeia de dedução, Kant desenvolve a experiência de pensamento que ela supõe: "Porque a satisfação não se funda numa qualquer inclinação do sujeito (nem em

[4] *Ibid.*, p. 124.

qualquer outro interesse suposto), porque pelo contrário aquele que julga sente-se plenamente livre com respeito à satisfação que vota ao objeto, ele não pode descobrir como causa de sua satisfação nenhuma condição pessoal e privada de que dependeria ele mesmo como sujeito, e ele unicamente; e deve portanto considerar esta satisfação como fundada nisto que pode pressupô-la também em todo outro (*für jedermann*)" (§6).

Que operação complicada! Dizer que o gosto é um julgamento é passar da idéia de destacamento com relação à presença do objeto à atribuição de uma experiência semelhante para todo homem. Isto supõe que o caráter íntimo ou pessoal da experiência da beleza se deixe corretamente descrever pela oposição do que é "privado" e "público" e que esta oposição possa ser equivalente à oposição lógica do particular e do universal, que são duas das categorias da quantidade definidas na *Crítica da razão pura*. Desde então, há uma infra-estrutura lógica da experiência do belo e da quantidade do julgamento que atua no discurso e é precisada: os julgamentos de beleza se enunciam como julgamentos singulares, porque neles o sujeito é tomado em sua totalidade – é tal rosa tomada como absoluto que é declarada bela, e entretanto há uma gênese transcendental deste julgamento singular que faz intervir o particular e depois o universal.

Como na *Crítica da razão prática*, a universalidade é aqui muito complexa, e esta complexidade é manifestada no texto alemão: *Denn da es sich nicht auf irgendeine Neigung des Subjekts (noch auf irgendein anderes Interesse) gründet, sondern da der Urteilende sich in Ansehung des Wohlgefallens, welches er dem Gegenstande widmet, völlig frei fühlt: so kann er keine Privatbedingungen als Gründe des Wohlgefallens auffinden, and die sich sein Subjekt allein hinge, und muss es daher als indemjenigen begründet ansehen, was er auch bei jedem anderen voraussetzen kann.* Traduz-se *jedermann* por "todo homem", mas este termo, empregado desde a frase precedente, insiste sobre a série de indivíduos concernidos; e a "dedução" kantiana decompõe efetivamente o todo de uma maneira precisa: para obter o "todo" homem do julgamento de gosto, é necessário primeiramente passar pela série das sensações designadas por um pronome indefinido e sobre a qual pesa a operação de destacamento – a satisfação não se funda em uma inclinação qualquer nem em algum outro interesse que seja. Reencontra-se aqui a polifonia essencial da categoria de universal, que se pode também chamar de confusão, porque o deslizamento de um sentido a outro do termo nunca é tematizado quando é efetuado: da serialidade passa-se à absolutidade pensada tanto como totalidade – aqui, ele se sente plenamente livre – quanto como incondicionalidade, como era o caso para a "evidente" heterogeneidade da lei moral, que se separa em relação a todos os interesses sensíveis; e este deslizamento se acompanha de uma transição; de um fenomenalidade objetiva – um caso, e depois outro a ser suspenso cada vez no seu valor – passa-se à objetividade de um princípio, que é de uma outra ordem porque idêntico a uma instância transcendental e subjetiva. Como a propósito da "dedução" do julgamento moral, temos aqui necessidade de nos representarmos no discurso a indiferenciação dos objetos, caso a caso, um caso depois do outro, para podermos dar um conteúdo ao "todo homem". A negação das inclinações sensíveis se efetua caso a caso, e isto produz uma "total" liberdade do sujeito do julgamento de gosto; dizer que o sujeito é totalmente livre resume positivamente e *a posteriori* a anulação serial das ligações. O absoluto passa então da totalidade serial à radicalidade do destacamento com relação aos objetos sensíveis. Por conseguinte, depois de ter sido pronunciado o advérbio "completamente", o "cada homem" do *jedermann* se acha modificado, o cada homem é um todo homem. Além do mais – e isto caracteriza o julgamento de beleza, pois não existia na moralidade –, para obter a série completa dos sujeitos, passa-se pelo outro sujeito para ir ao todo: a não-dependência experimentada pelo sujeito do prazer estético motiva-o a convocar outros sujeitos possivelmente capazes do mesmo prazer destacado. A universalidade do julgamento de gosto tem portanto uma estrutura inter-subjetiva.

Mas como tornar equivalentes a idéia de que não se adere ao objeto em sua matéria mesma e esta outra idéia segundo a qual o belo é belo nisto que ele vale para cada indivíduo chamado homem? Para extrair o universal do destacamento, é preciso supor que o contemplador se dê conta, na intimidade da experiência, de que ele não adere ao real do objeto belo, depois substituindo um "eu não quero gozar verdadeiramente deste objeto" por um "é belo não somente para mim, mas para todo homem". A passagem à exigência de universalidade é verdadeiramente o destino obrigatório da experiência de desinteresse? Quando alguém se desliga de um objeto de desejo, isto se dá pela construção de um cenário interior graças ao qual se o atribui a qualquer um? Passa-se verdadeiramente por um momento em que a ligação seria sinônimo de particularidade, particularidade de que alguém se desfaria ao poder atribuir a todo outro o que se experimenta? "Particular", este termo é aqui lógico, designando a quantidade de um julgamento hipotético do tipo "isto é belo para mim", ou bem a equivalência estabelecida entre "eu estou interessado na existência de um objeto" e "ele me agrada" não é muito mais uma nota antropológica ou fantasmática: quando se quer algo se o quer para si somente? Se fosse este o caso, ter-se-ia a ver aqui menos com uma identidade conceitual entre a idéia do desinteresse e a de universal que com um exemplo empírico, patologicamente determinado, como diria Kant, ou com uma experiência que tem a estrutura de um fantasma, como diria Freud, isto é, com uma combinação de coisas vistas e ouvidas, elaboradas depois de numerosos eventos decisivos e traumáticos, que impõem ao sujeito este trabalho de representação, trabalho que concerne justamente à relação com a presença e a ausência das situações e dos objetos de que deseja gozar ou produzir a presença.

A dificuldade, neste texto, vem do fato de que aquilo que Kant nomeia "dedução" tem um estatuto ambíguo: ou bem se trata de seguir fenomenologicamente a experiência de uma satisfação paradoxal no que ela se descobre "não-privada": "Este objeto me agrada. Não é, neste prazer, a matéria, isto é, a existência do objeto que me liga, eu não estou aí, eu enquanto sujeito e eu somente, ligado; portanto, esta satisfação não é unicamente minha. Ela é constituída pela experiência da partilha que ela convoca." Nesta primeira versão, a experiência da beleza supõe um desdobramento empírico do sujeito, é uma experiência interna ao prazer estético que desenvolve todo um cenário bem próximo de um fantasma: esta experiência mostraria, por exemplo, e sem que isto tenha que ser aqui precisado, como a beleza conjura a possessividade, ou o ciúme do consentimento, na dupla condição de que o sujeito se desdobre e (se) reflita. Ou bem trata-se, não de descrever a experiência do belo, mas de preferência, como Kant faz desde o § 5, de constituir uma tipologia das satisfações, e de opor o fato do agradável ao direito do belo, mesmo se este direito está perpetuamente à espera de sua própria regra. Mas em nenhum dos dois casos se compreende como o universal sem conceito "sai" da experiência de não-vinculação da beleza ao objeto. Se se trata da descrição de um processo, há elementos alusivos demais, e a categoria da quantidade cobre artificialmente as etapas da experiência de satisfação reflexiva. Se se trata de uma tipologia das satisfações, o processo de destacamento interno à satisfação é perdido. Notar-se-á além do mais que a primeira leitura não pode ser sustentada até o fim por Kant, pois isto colocaria em perigo o princípio – que ele coloca na terceira *Crítica*, mas que não pusera em 1764 – de uma distinção entre a faculdade de desejar, em obra na ação, e a faculdade de experimentar prazer e aflição, em obra na vida estética.

Notar-se-á além disso que, como na retórica que concerne ao imperativo categórico, cuja existência permanecia suspensa à análise de exemplos aos quais se opunha a evidência do dever por uma negação, é em fórmulas negativas, que fazem surgir a não-vinculação ao objeto, que Kant faz passar por uma dedução o que é uma relação posta em cena do sujeito com ele mesmo, relação que é suposta tornar evidente a implicação dos dois conceitos distintos de destacamento e de universalidade dos sujeitos concernidos pela beleza. Isto posto, Kant pode então refinar, ao precisar o que significa que este universal seja sem conceito: ele mostra que esta exigência de universalidade ligada à experiência da beleza se dá como uma exigência lógica e constitutiva de um real, enquanto ela não é senão esta exigência do sujeito em que consiste a transição que faz passar da não-vinculação ao objeto à universalidade: o sujeito só exprime o que se passa nele dizendo que o objeto é belo, enquanto o que está em questão é esta exigência de reencontrar em outros este prazer desde quando ele é afirmado como partilhável.

A passagem da satisfação desinteressada ao universal sem conceito não pode ser chamada de uma dedução a não ser ao preço de uma negligência do texto como encadeamento de frases: aquilo que, na seqüência das frases, "cobre" o hiato conceitual de tal modo que ele se torna indiscernível é, com efeito, muito preciso. Trata-se, de um lado, de transformar o processo negativo, mas ativo, do destacamento do objeto numa referência positiva a um outro humano, que é suposto estar presente na emoção estética. Trata-se, por outro lado, de simplificar o cenário evocado, resumindo-o pelo tema da universalidade do julgamento de gosto.

A beleza: íntima e pública

Esta "dedução" da universalidade do julgamento de gosto oferece um excelente exemplo do que caracteriza, em geral, parece-me, a filosofia como tal: trata-se de um texto que faz esquecer, pelas categorias lógicas que convoca, que é escrito como um texto, isto é, com recursos sintáticos e semânticos que produzem um pensamento graças à contingência de um estilo. Do lado do jardim, a doutrina do belo como universal sem conceito, em toda a sua sutileza com relação à doutrina do julgamento de conhecimento e do julgamento moral. Do lado do pátio, mas presente no mesmo texto, e não num outro espaço, uma cena que nos faz assistir à produção do sujeito estético, isto é, de uma subjetividade íntima e que, no entanto, só existe exposta. Pois o momento mais interessante do texto, aquele que requer de Kant o trabalho de escrita mais rigoroso, ainda não foi explicitado. Ele se acha, no entanto, na frase decisiva que citei em alemão, e que é suposta deduzir o universal sem conceito da satisfação *ohne alles Interesse*, que seria melhor traduzir por "satisfação que se desembaraça de todo interesse", para indicar a privação ativa em obra no desinteresse. Kant descreve aqui um sujeito estranho: completamente íntimo e inédito na produção de sua própria intimidade, e no entanto exposto a outros olhos: "... Ele não pode descobrir como princípio da sua satisfação nenhuma satisfação à qual ele mesmo como sujeito e somente ele se achasse ligado (*an die sich sein Subjekt allein hinge*) e deve portanto considerá-la como fundada em que pode pressupô-la também em todo homem." O verbo *hingen* significa ao mesmo tempo "estar grudado a" e "depender de". E é a negação do enganchamento no objeto que introduz a idéia de um sujeito: o início deste texto evoca, com efeito, negando-a, uma subjetividade que seria produzida no seu caráter reflexivo pela dependência de um objeto. E a negação de toda dependência desta ordem, longe de ser o distanciamento de toda reflexividade subjetiva, é a descoberta da reflexividade universal do julgamento de beleza. Dito de outro modo, mesmo se a satisfação material é rejeitada, sua evocação serve entretanto para conceber que há produção de um sujeito, isto é, de uma reflexividade do pensamento com relação a si mesmo na experiência estética.

Certo, o sujeito que diz: "é belo" está destacado de todo interesse objetivo, mas o condicional negado pelo qual é evocada a vinculação serve para pensar a reflexividade do sujeito; depois este sujeito, primeiramente evocado como íntimo, identifica sua satisfação pelo próprio fato de que ela deve ser partilhada com todo outro. Um fato de satisfação é aqui interpretado como devendo ser atribuído a todos os outros além daquele que o experimenta. Este é o estranho "Fato da razão estética" ao qual Kant nos convoca.

A noção de universal sem conceito não pode ser exposta sem que seja evocado o desdobramento do sujeito, no próprio momento em que ele é produzido. Esta relação encenada do sujeito com ele mesmo, que efetua a passagem da emoção estética ao julgamento que seria habitado por uma exigência de reconhecimento universal, nos reenvia, de fato, a uma escolha de Kant, que se dá erradamente como uma evidência racional: ele parte do fato de que, na experiência da beleza, o sujeito não está ligado ao objeto como num desejo que o quisesse consumir, este objeto, ou dele gozar. E ele interpreta este fato, aplicando a categoria do particular a uma emoção ligada à existência real de seu objeto. O gozo é dito como tendo por quantidade o particular. A segunda das categorias da quantidade definidas no quadro da *Crítica da razão pura* é suposta poder dar conta da experiência da beleza: e é graças a esta aplicação da categoria da quantidade que a unidade da razão humana em todos os domínios de seu desenvolvimento é assegurada. É também por aí que a reflexão kantiana sobre a arte e sobre os fenômenos da vida permite uma reavaliação das duas primeiras *Críticas*. O momento decisivo de pensamento, portanto, não é a princípio o uso da categoria de universal, mas a intervenção da categoria do particular. Um gozo do objeto na sua materialidade é um gozo privado, isto é, particular, em lógica. Kant toma a decisão de interpretar "privado" por "particular". Ora, a experiência da beleza, sendo absolutamente privada, se quer também pública: é um prazer que espera ser partilhado, que apela a outros humanos no sentido de formarem uma comunidade que se nomeará de senso comum. E se trata de uma comunidade subjetiva precisamente porque não é do objeto que vem o prazer partilhado, mas daquilo que é o caso para todos os sujeitos concernidos: um acordo das faculdades que se torna sensível da mesma maneira para todos. Como é também na ocasião da contemplação de um objeto que esta comunidade no prazer se forma e como, no conhecimento, um conceito universal dá forma objetiva ao que ele permite apreender, os homens atribuem ao objeto a qualidade de beleza, que pertence de fato ao acordo de suas faculdades, e dizem: "Esta coisa é bela". O demonstrativo aqui tem o ar de ser um sujeito particular, mas, como ele reenvia a uma elaboração transcendental que faz intervir o universal, "esta" coisa é de fato, como sujeito lógico, uma síntese de particular e de universal, isto é, um singular. Os julgamentos de gosto são julgamentos singulares, diz Kant, e não julgamentos particulares, como poderia fazer crer sua simples forma gramatical. Eles são uma síntese transcendental de universal e de particular: o quase-objeto estético é de fato uma totalidade em si só, precisamente porque dá lugar a um julgamento que só tem sentido como universal. Através desta sutil dialética lógica, Kant visa este caráter paradoxal da beleza, que é de ser ao mesmo tempo íntima e partilhável. O destacamento com relação ao gozo não impede que subsista no prazer estético um certo caráter de intimidade, mas é uma intimidade que não exclui, que exige, pelo contrário, a partilha e o reconhecimento. As três categorias da quantidade – universal, particular, singular – servem à interpretação da experiência estética, e para aproximar uma dimensão efetiva e paradoxal da arte: é íntima, e isto no entanto se partilha. E, por conseguinte, o "isto" (elidido)* do "é belo" designa menos o objeto que a experiência subjetiva exigida a propósito dele por todos.

* Esta foi a melhor opção que encontramos para traduzir o "c", contido na expressão francesa *c'est beau*. (NT)

O que faz a beleza partilhável

Mas é preciso verdadeiramente interpretar o paradoxo de fato do prazer estético, íntimo e partilhável, pelas categorias da quantidade? A intimidade exposta da obra é aqui essencialmente particularidade, como afirma Kant? Vê-se bem porque ele a afirma: ele quer apresentar como evidente a separação do agradável e do belo, do gozo e do gosto, que é um julgamento. Mas, conseqüentemente, ele nunca analisa em si mesmo este paradoxo da beleza, que faz aderir às categorias do julgamento: particular, universal, singular. Destacar-se do objeto é cessar de fechar-se na particularidade de um gozo sensível, portanto é ir na direção do universal, mesmo que sem conceito. A esta tese liga-se aquela de acordo com a qual, quando se recolhe um prazer livre, não pode jamais ser a partir da matéria de um objeto de arte, mas de sua forma, que remete ao livre jogo das faculdades. Ora, se é verdade que um artista não tem com aquilo que cria uma relação de dependência erótica idêntica à do desejo, se ele suscita nos outros algo diferente de um gozo, é verdadeiramente porque os objetos de arte seriam quase-objetos, nunca importando por suas qualidades materiais, mas somente por suas qualidades formais, que fazem o contexto do julgamento de gosto? O que faz com que um quadro não seja mais simplesmente o objeto privado de um pintor? E o que quer dizer aqui "privado"?

Mostrar-se-á isto: se não se recobre mais o paradoxo da experiência do belo, íntimo e público, com efeito, pela aplicação das categorias da quantidade, torna-se possível descrever aquilo que se nomeará de belo no processo de sua produção, e muito singelamente de seu reconhecimento como belo por outros humanos além do artista. Em que consiste então o destacamento de um objeto de gozo que se efetua no refinamento de um estilo pictórico, por exemplo? É aqui que Leonardo da Vinci é nosso guia: sabe-se que este artista era habitado por uma ambigüidade sexual, que se expressa ao mesmo tempo na diversidade, que alguns julgam dispersiva, das suas atividades, e pelo caráter quase sempre inacabado de suas obras pictóricas. Mas o problema é compreender como é que a fuga diante da finalização de uma tela transformou-se, em da Vinci, em invenção de um estilo de pintura, o *infinito*, e como é que esta transformação mesma revela algo de inédito, de privado no sentido de íntimo, tanto ao público das obras quanto ao artista.

Em seu estudo sobre Leonardo – *Uma lembrança infantil de Leonardo da Vinci* –, Freud insiste sobre estes pontos, freqüentemente com pertinência, mesmo se se engana sobre outros, como foi mostrado depois[5]. Particularmente, ele acentua o fato de que a ambigüidade sexual de Leonardo comandou a dominância do conhecimento da arte na sua atividade, o caráter inesgotável das investigações naturais, dirigindo, mais que a obrigação de terminar uma obra encomendada, o constrangimento ao inacabado que sustentava a infatigável atividade de Leonardo. Mas Freud, que, através de da Vinci, acerta suas contas com a filosofia, em relação à qual prefere a arte, desconhece que a atuação da ambigüidade, em Leonardo, atravessa a distinção da arte e da ciência, ou melhor, ignora-a. Da Vinci não preferiu a ciência à arte; ele buscou em toda parte fazer aparecer o momento em que a distinção dos seres e das coisas não é conquistada, o momento, que o pintor ou o desenhista-sábio pode captar, em que a separação dos tipos de seres se faz sem estar assegurada, onde a perspectiva plana e razoável se estabiliza provisoriamente a partir de uma anamorfose, onde a forma se decide no jogo indeciso e provisório das sombras e das luzes. Freud, depois de uma pesquisa psicológica rigorosa sobre a infância de da Vinci, acaba por colocar que a psicanálise finalmente nada tem a dizer sobre o gênio enquanto tal, ainda que possa desvelar coisas da vida que marcam a obra. Mas não está aí, da parte de Freud, uma crítica da maneira muito exclusivamente psicológica pela qual ele mesmo aborda a questão? Não que seja inútil saber com que dupla figura materna Leonardo tinha a ver, nem de que maneira, contábil e ritualizada, ele reagia em seus cadernos à morte de seu pai e de sua mãe. Mas estes elementos, indispensáveis ao conhecimento desse que foi o indivíduo Leonardo, ainda não dizem nada sobre o processo pelo qual, mobilizando integralmente seus dons subjetivos, as técnicas do pintor e do sábio fizeram disso outra coisa que seus assuntos pessoais e privados, como teria dito Kant. Dito de outro modo, Freud pára no umbral de uma teoria da sublimação, de que Leonardo nos oferece entretanto, através do seu comentário de suas próprias produções, todos os elementos. A técnica do pintor Leonardo, o *sfumato*, isto é, a invenção de uma relação entre as formas e as cores, que ora sublinham a nitidez dos traços do desenho, ora os torna imprecisos; a arte da luz e da sombra que faz da nitidez das formas pintadas um momento frágil e indeciso do visível, e também a ciência e a arte da perspectiva que é também só um momento particular das múltiplas anamorfoses que por um instante ela ordena, todas estas características

[5] Ver particularmente Meyer Schapiro, "Leonardo e Freud: um estudo de história da arte", e "Dois enganos de Leonardo seguidos de um erro de Freud", em *Estilo, artista, sociedade*, Paris, Gallimard, 1982, p. 92 e seguintes. Nós nos reportaremos igualmente a D. Merejkowski, *O romance de Leonardo da Vinci*, Gallimard, 7ª edição, 1958.

da arte de da Vinci são o desenvolvimento material, isto é, técnico, da ambigüidade de seu desejo sexual. Somente que, a partir do momento em que uma ambigüidade sexual se desenvolve num estilo, ela não é mais unicamente a de um indivíduo, Leonardo, no caso. Isto quer dizer duas coisas ao mesmo tempo: de um lado, o estilo substitui ou transforma o prazer imediato, que fazia com que Leonardo gozasse dos objetos sexuais ambíguos, e isso porque ele cria outros objetos com elementos coloridos, e formas não menos elementares e mais ou menos imprecisas de acordo com as partes do quadro que se considera; de outro lado, porque seus desejos sexuais se deslocam, tomando corpo nos elementos que fazem aparecer a ambigüidade, esta ambigüidade torna-se reconhecível por todos aqueles que olham suas telas. Ela se torna reconhecível como algo deles mesmos, que não sabiam. Donde o aspecto de revelação que a beleza produz, e este paradoxo de uma intimidade exposta, que Kant assinalava sem concebê-la. Não se poderia considerar a notação kantiana sobre a produção da beleza como de algo que não é somente privado, concedendo atenção a este processo que as categorias do particular, do universal e do singular não ajudam a conceber? Estas categorias, com efeito, desmancham os deslocamentos de objetos pulsionais que as técnicas e as teorias de Leonardo realizam.

O belo é o não-sabido de uma prática

Nesta perspectiva, pode-se compreender que o alvo de da Vinci nunca seja o de definir a beleza. O termo "beleza" assinala, nos *Cadernos*, que o contexto da atividade do pintor ou do sábio é atingido, que ele captou bem, por sua prática, a relação do distinto e do indistinto, que é como que a sua janela para o mundo. Os termos "beleza" ou "graça" pontuam o processo pelo qual pulsões se acham objetos numa técnica, com esta conseqüência que Freud bem viu, de que a sublimação pela arte desenvolve freqüentemente aspectos perversos das pulsões, esses justamente que se desembaraçam de uma satisfação sexual direta, e erotizam os trajetos pulsionais em si, fazendo desses trajetos novos objetos. O ganho de uma tal substituição é que se trata de criar um mundo onde nenhuma determinação sexual estável vale, e onde somente o artista faz cintilar, pela maneira por ele definida, os pólos ambíguos de uma diferenciação que nenhuma lei fixa. Leonardo da Vinci nunca define o belo, mas este termo, que esmalta seus escritos, assinala como uma técnica ou um saber o satisfazem. Eis aqui um exemplo, principalmente pictórico: "Um alto grau de graça é conferido pela luz e pela sombra aos rostos desses que estão sentados nos umbrais de moradas obscuras e tais que os olhos do observador vêem a parte escura do rosto invadida pela sombra desta casa e a parte clara reavivada pelo brilho do ar. Por este contraste aumentado de sombra e luz, o rosto adquire um vivo relevo, na parte clara com sombras quase insensíveis, e na parte escura com reflexos quase insensíveis. Esta representação, com o efeito aumentado de sombra e de luz, confere ao rosto sua beleza."[6] O momento da beleza não é o puro contraste de sombra e de luz, é sua capacidade de modificar-se até se tornar seu oposto; quase insensível, entretanto presente, a sombra da luz, quase insensível a obscuridade de um reflexo. Fazer eclodir este momento do indeciso, graças à mestria da distinção e da técnica sutil que a faz desviar, tal é a paixão deste pintor que lhe "arranca" a palavra beleza, quando ele a sente concretizada. O problema não é mais, então, o de saber se um tal objeto é real, como exigiria a faculdade de desejar, ou se sua realidade é indiferente, como quereria a faculdade de experimentar prazer e aflição. Esta distinção kantiana perdeu seu valor desde que se analise a sublimação em obra, ela era muito mais um entrave à compreensão do processo em questão.

Assim também, a precisão de seus desenhos de anatomista e de naturalista está, nos seus estudos, o de Leda por exemplo[7], a serviço de insensíveis transições agenciadas entre o corpo de uma mulher, as curvas das lianas, que não se sabe se são terrestres ou aquáticas, e as volutas do corpo de uma serpente que desposa a mão de Leda. Da Vinci pode bem teorizar esta prática do desenho numa filosofia da analogia entre microcosmo e macrocosmo, mas estes discursos rompem com a tradição desta teoria, pois só importam como comentário desta produção das transições insensíveis pelas quais se produz, para nosso prazer, a ambigüidade. O desenhista e o pintor são chamados de sábios; eles são ditos possuidores da mais alta ciência, mas esta ciência consiste sempre em fazer surgir formas e em jogar com a indistinção delas. Estas teorias podem, além disso, ser ficções também: conhecem-se as cartas de da Vinci, endereçadas a um interlocutor imaginário, que esboçam através de palavras os movimentos a serem desenhados na descrição de uma batalha, ou ainda de um dilúvio. A descrição da batalha é como um hino às metamorfoses da poeira: às vezes aérea, quando se eleva devido aos movimentos dos cavalos e dos combatentes, ou quando impregna os cabelos, "e tudo o que os vencedores têm de leve, flutu-

---

[6] *Leonardo da Vinci,* textos traduzidos, reunidos e anotados por André Chastel, com a colaboração de Robert Klein, Paris, Herman, 1964, pp. 159-160. Nesta obra se observará a grande pertinência dos comentários de André Chastel sobre os textos apresentados.

[7] *Ibid.*, p. 163.

Leonardo dopo Milano, ed. Giunti-Barbera, Florença, 1982.

Leonardo da Vinci : Estudos da natureza da Biblioteca real do castelo de Windsor, ed. Giunti-Barbera, Florença, 1982.

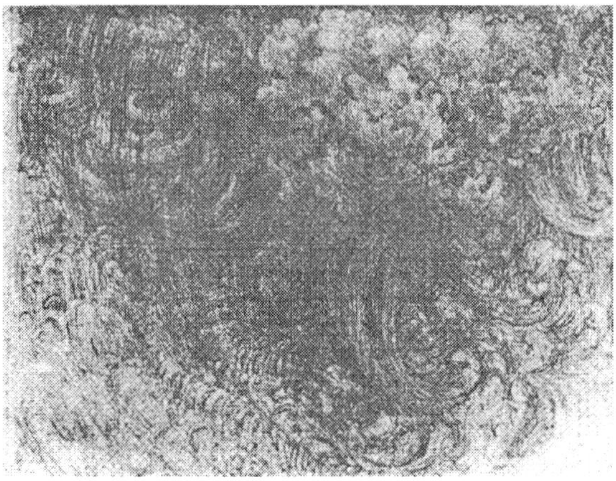

Leonardo da Vinci : Estudos da natureza da Biblioteca real do castelo de Windsor, ed. Giunti-Barbera, Florença, 1982.

ando no vento"; outras vezes, ao contrário, pesada como uma queda: "Se tu mostras a queda de um combatente, deves indicar, na poeira convertida em lama sangrenta, o traço do pé que escorregou."[8] Não se acabaria de citar as metamorfoses das formas no desenho, na pintura, na técnica, que sublinham as trocas dos seres e das coisas, de que o artista se faz demiurgo. E partilhamos este prazer, mesmo que não sejamos habitados pela mesma ambigüidade de Leonardo, justamente porque ele a transforma pela materialidade de suas obras; daí por diante, podemos nos reconhecer aí e disso gozar, libertos ao mesmo tempo daquilo que tem de insuportável, para muitos, uma paixão do ambíguo diretamente experimentada e lancinante.

O que é que permite dizer, frente às obras de da Vinci, que esta invenção incansável do indistinto e do distinto é sexual? É, sem dúvida, o intenso prazer dos sentidos, e em particular da visão, que aí é incessantemente convocado. Certo, não se trata de uma satisfação sexual direta, isto é, tomada no comércio com um outro corpo, mas o artista trabalha os mesmos materiais sensíveis que provocam os desejos sexuais. Simplesmente, ele introduz a uma cultura exacerbada de um sentido que dispensa a costumeira colaboração de nossos sentidos quando estes últimos se deixam fascinar por isto que se nomeia de um objeto de desejo. O que faz com que, numa pulsão sublimada, a satisfação sexual direta possa ser indefinidamente reproduzida e substituída por um outro prazer é o próprio processo destas substituições de objetos, de que se pode seguir o traçado, já que as obras são disso o traço. No fim das contas, não se tem nem mesmo mais que saber de qual pulsão precisamente parte a série das substituições, porque o objeto torna-se aquilo que se deposita no próprio percurso. Libertar-se do objeto recriando-o de maneira seletiva, tal é a paixão em obra no destacamento de que falava Kant.

Mas, desde o momento em que nos dedicamos a apreender este processo, a antropologia kantiana e a lógica do particular e do universal, que a protegiam, não mais se sustentam: para apreender como uma prática de desenhista pode produzir no visível uma ambigüidade fascinante, não convém separar por princípio o agradável do belo, nem o belo do bem. Não convém distinguir faculdade de desejar e faculdade de experimentar o prazer e a aflição. Estas distinções repousam apenas na idéia falsa de que o desejo quereria consumir seu objeto, e nesta outra falsa idéia de que todos sabem o que é a realidade de um objeto que a faculdade de desejar quer produzir. Em Kant, a própria idéia de

---

[8] *Ibid.*, p. 60.

destacamento, de que ele sente entretanto a utilidade para apreender a satisfação estética, é uma noção simplista, pois tributária da idéia prévia de que todos se entendem sobre o que é querer "realizar" um estado de fato. Não podemos mais ser kantianos, depois de Freud: porque o objeto da faculdade de desejar é essencialmente substitutivo, convém primeiramente pensar sobre que fundo – não de ausência, mas de substituições necessárias – sua presença é encarável ou excluída.

A satisfação estética não é *ohne alles Interesse*, ela retém do objeto farrapos de presença, que recria de outro modo, e na satisfação retirada da "realidade" do objeto são também traços significativos que fazem para nós esta realidade. É vão imaginar um corte de princípio entre o agradável e o belo, pois o objeto que Kant dizia agradável desorienta por princípio a consumação ou a possessão.

Este desvio da consumação, assim como o destacamento de uma satisfação reputada direta, é um processo pelo qual uma prática inventa substituições de objetos e de traços significativos; e estes processos não podem ser descritos senão quando se renuncia a resumi-los antes por uma lógica, que erra ao prejulgar a importância da categoria da quantidade na apreensão destes processos.

Uma alternativa: apreender um pensamento operante ou construir sua lógica

É notável que não se possa ao mesmo tempo estar atento aos processos de substituição de objetos numa prática artística ou num sonho e unificar antecipadamente todos os usos do pensamento, declarando que o belo é um universal sem conceito. A intervenção deste conceito é talvez interessante, se se aprecia o gozo que Kant tirava da coerência do seu próprio pensamento, mas ela impede que se conceba o que em nós se satisfaz pela arte. Contrariamente, quando nos fornecemos os meios de pensar o destacamento do objeto como um processo, a confrontação entre a arte e a filosofia aparece sob uma nova luz: as substituições de objetos pulsionais, de que a prática material do artista é a própria obra, são menos apagadas da produção de obras que na filosofia. Nesta última, com efeito, a lógica tende, sem jamais chegar a isso integralmente, a romper as ligações entre os fantasmas e os conceitos. Teremos percebido que a aplicação, por Kant, da categoria da quantidade a todos os domínios da experiência, seja qual for a sua pertinência com relação a cada um, garante bem a idéia de uma unidade da razão, mas ao preço de preconceitos conceituais consideráveis e de uma impossibilidade de apreender o destacamento dos conceitos em relação às pulsões como um processo, isto é, ainda, como uma relação que tem a forma paradoxal de uma recusa. O que diferencia a arte da filosofia é esta recusa – criadora nos grandes sistemas – das relações que, no entanto, continuam a tecer-se por este modo paradoxal, da exclusão entre fantasmas ou pulsões e conceitos.

CAPÍTULO V

DEVE-SE BUSCAR O UNIVERSAL NA DIFERENÇA DOS SEXOS?
As *fórmulas da sexuação* em Lacan

O universal, garantidor da unidade da razão

A noção de universalidade, que resume desde Kant a modernidade do racionalismo, é uma noção confusa, no sentido cartesiano deste termo. Sabe-se que uma idéia confusa, para Descartes, é uma idéia que se confunde com outra: a idéia de universalidade nunca designa somente a quantidade universal do sujeito lógico de uma proposição, mas, na sistematicidade da razão kantiana, ela guarda, por sua função unificadora, a lembrança da lógica aristotélica, que só fundava uma lógica formal por ampará-la numa ontologia. Em Aristóteles, com efeito, a serialidade do universal se ligava explicitamente à consideração da totalidade: "Entendo por universal (*katholou*) aquilo que a todos pertence (*kata panthos*) e a cada um por si (*kath'auto*) e enquanto tal (*ê autô*)."[1] Nesta definição de *Segundas analíticas*, o universal não deve ser entendido somente em extensão, ele não é somente aquilo que é comum a todos os indivíduos de uma mesma classe, nem a todos os sujeitos incluídos num gênero. Ele é aquilo que pertence a cada um deles essencialmente, a cada ser considerado por si mesmo, isto é, necessariamente. Esta necessidade faz intervir a idéia de totalidade de duas maneiras: é por sua determinação interna que uma noção é universal; e por aí ela se inscreve na consideração do universo, do todo ontologicamente ordenado, de que os encadeamentos válidos dos nossos julgamentos respeitam a

---

[1] Aristóteles, *Segundas analíticas, Organon*, trad.: J. Moreau, em *Aristóteles e sua escola*, Paris, PUF, 1962, p. 40. Ou trad. Tricot, Paris, Vrin, 1987, p. 27.

hierarquia. A silogística aristotélica, ao trabalhar sobre a qualidade – afirmativa ou negativa – e a quantidade – universal, particular ou singular – dos nossos julgamentos, permite encadear as proposições necessárias que relacionam a plurivocidade dos sentidos do ser com a analogia, por meio da qual cada região do ser se relaciona com as outras. O universal não tem que ser franqueado pela articulação de uma lógica a uma ontologia; pelo contrário, ele funda a pertinência delas numa lógica da atribuição, porque a função de ligação da cópula – ser – que liga sujeito e predicado está solidamente amparada no sentido absoluto e analógico do ser. Isto é suficientemente conhecido.

Quando com Kant o absoluto perde toda determinação ontológica – a totalidade como tal sendo não-conhecível –, dever-se-ia esperar que a determinação serial ou extensiva do universal se tornasse autônoma e perdesse sua referência prévia ao mesmo tempo à ordem hierárquica do universo e à de necessidade interna de um ser que o *logos* desdobraria. Viu-se suficientemente que não é nada disso. Da totalidade aristotélica o que resta é o incondicionado: a lei moral vale para todo ato e para todo homem e supõe a consideração de um universo das vontades racionais, não real (o que seria recair numa hierarquia ontológica) mas possível, que Kant nomeia de reino dos fins. Certo, a quantidade de nossos julgamentos quando dizemos "para todo homem a lei vale" não descreve mais o lugar do homem, genericamente, no universo. No entanto, a incondicionalidade da lei é bem definida por Kant como aquilo que vem no lugar da necessidade aristotélica.

No lugar, é o caso de dizê-lo, porque Kant define o incondicionado pelo lugar que lhe atribui na articulação da razão teórica e da razão prática[2]: o mundo como todo é não-conhecível. Em particular, não se pode dizer dele, de modo certo, nem que é causado por alguma causa nem que é não-causado, isto é, livre. Este fechamento de tudo o que chamamos mundo, universo ou cosmos não advém mais do conhecer, e se deveria esperar que a pequena palavra "todo" nunca mais tivesse nada a fazer com *um* todo, uma totalidade. No entanto, em virtude do fato de que a idéia de uma causa livre, sem poder ser estabelecida na sua realidade, não é entretanto "impossível no sentido da contradição"[3], a idéia do todo, não-conhecível mas pensável, permite inscrever a liberdade da vonta-

---

[2] E. Kant, *Crítica da razão pura*, trad.: J.-L. Delamarre e F. Marty, em *Obras I*, Gallimard, 1980, p. 1167 e seg.

[3] Sobre esta noção, ver Monique David-Ménard, *A loucura na razão pura. Kant, leitor de Swedenborg*, Paris, Vrin, 1989, cap. I e V. Desde o aparecimento dessa obra, uma filósofa americana colocou igualmente em relação a noção kantiana de antinomia da razão pura e os paradoxos da relação dos sexos: cf. Joan Copjec, "Sexo e a eutanásia da razão", em *Leia meu desejo. Lacan contra os historicistas*, Cambridge/Londres.

de no lugar do que era a totalidade em Aristóteles. Da todalidade resta um lugar, e esta noção de totalidade daí por diante muda de nome: ela vai chamar-se incondicionalidade; o incondicional é o que não está submetido a nenhuma restrição, que vale absolutamente, em todos os casos. Como a idéia do mundo, do todo dos fenômenos, é uma idéia não-impossível-no-sentido-da-contradição, ela pode servir para pensar a liberdade da vontade: a idéia de uma causa livre, de uma causa não-causada por outra coisa qualquer que, em cosmologia racional, dá a determinação do mundo sem permitir conhecê-lo, dá também a determinação de nossa relação com a lei. O dever é uma determinação de nossa vontade que não é causada por nada mais que si na razão prática, e é portanto seu absolutismo que funda o fato, serial ou extensivo, de que ela valha em todos os casos. Com Kant, não há mais universo, mas a articulação da função lógica do universal com um absoluto subsiste. É por isso que vimos retornar tão freqüentemente na filosofia da ação ou da arte o todo, chamado daí por diante o incondicionado, com a serialidade. É também para fazer aparecer a colusão do incondicionado com o absoluto que Sade, mais radicalmente que Kant, o reduz a uma função lógica, que poderia abrigar não importa o quê, o arbitrário do gozo tão bem quanto a transcendência da lei.

Estes retornos não são justificados por Kant a cada vez; um único retorno do absoluto é objeto de um privilegiado ensaio de justificação: aquele através do qual a idéia de liberdade é instalada no lugar do cosmos aristotélico no sistema. "Todos" permanece amparado pela idéia de totalidade e pela idéia de uma unidade interna de um mundo, porque Kant nos diz que a ação humana é analisável como os fenômenos da natureza externa – isto é, como um encadeamento de causas e de efeitos – e isto de tal maneira que, no entanto, coloca-se a questão de saber se nossa conduta não é também, sem contradição, suscetível de ser pensada como determinada por nada de prévio, como livre, como incondicionada. É esta articulação do cosmológico ao prático que o próprio Kant resume, dizendo que a idéia de liberdade é a pedra de toque do edifício crítico. Mas, se porventura era artificial ou facultativo comparar a ação humana com um fenômeno externo, se a analogia entre a natureza externa e a nossa natureza não era a boa maneira de abordar a análise do agir humano – em particular se esta analogia repousava sobre uma concepção muito simples da realidade dos fenômenos ditos internos –, não haveria mais necessidade de caracterizar como não-impossível a liberdade da vontade, nem de reduzir o absoluto a um imperativo incondicionado. E, por via de conseqüência, a serialidade do universal seria independente da idéia de totalidade. Dizer que a liberdade é a pedra de toque do edifício crítico é, portanto, também indicar o ponto de fragilidade deste último: por que é preciso calcar a análise do agir sobre as categorias definidas para um outro uso, o conhecimento dos fenômenos externos? Por que seria preciso que a razão fosse uma em todos os campos onde ela se exerce? Vê-se bem que a doutrina do universal, longe de responder a esta questão, impede o colocá-la, porque pressupõe que a questão da quantidade dos julgamentos que enunciamos, concernentes a um campo de nossa experiência, é a questão decisiva que decide da racionalidade do pensamento que apreende este campo. Mas esta escolha jamais é justificada. É antes colocada a trabalhar, na prática, pela retórica filosófica; e com esta prática, o efeito de universo retorna na lógica transcendental do universal.

Ora, o pressuposto de unificar todos os aspectos da razão insistindo sobre a intervenção da quantidade de nossos julgamentos em todos os campos faz-se em detrimento de outra coisa: Kant não pensa o processo pelo qual um desejo se destaca de um objeto. Ele menciona que não é bem assim, mas a lógica do universal apresenta o processo como acabado, no momento em que ele pode se resumir por um quadro das funções do universal, e ele renuncia a conceber o destacamento como um processo estético, como uma ligação entre o que ele nomeia de faculdade de desejar e faculdade de experimentar prazer e aflição.

A noção de universalidade, longe de fundar todos os seus usos, põe em obra uma estratégia que condensa múltiplos registros de pensamento: uma antropologia que acredita poder separar a faculdade de desejar e a faculdade de experimentar prazer e aflição, uma teoria do humano diante da lei, uma analogia entre os fenômenos externos e nossa conduta, suposta analisável pelas mesmas categorias, uma doutrina do julgamento. Em termos não mais modernos, mas contemporâneos, isto é, freudianos, o universal kantiano nodula uma concepção da indiferenciação dos objetos do desejo com uma concepção do sujeito da lei. Esta estratégia se resume pelo pseudoprincípio segundo o qual "Ninguém pode saber *a priori* qual representação será acompanhada de prazer e qual de aflição", isto é, segundo a qual a ordem dos desejos sensíveis não dá ocasião ao *a priori*. Para que o universal unifique os campos da experiência humana, o preço a ser pago é pesado, racionalmente. Pesado em pontos cegos e em interrupções de pensamento.

Como Lacan chega ao universal

É muito espantoso constatar que no entanto, no pensamento contemporâneo, o universal, pelo viés da quantificação dos julgamentos que resumem nossas experiências, continua a ser convocado quando se trata de ganhar novas regiões para o pensamento: Jacques Lacan, querendo mostrar o impacto dos paradoxos constitutivos da sexuação, recorreu, como se sabe, ao quantificador universal para inventar uma escrita formal que desse conta do que ele nomeou de "não-relação sexual".

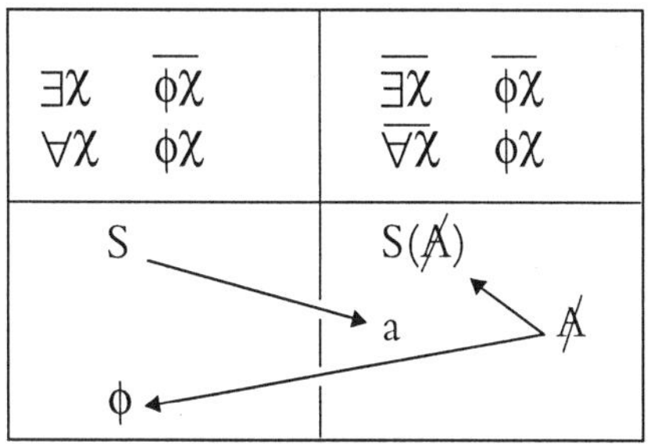

Consideremos primeiramente suas formulações no seu ponto de chegada, em *O Seminário*, livro XX, *Mais, ainda*[4]:

Se se designa por PHI o termo fálico, cuja imagem corporal é o pênis submetido à prova da tumescência e da detumescência, que o torna apto a materializar o fato de que sua posse escapa a uma mestria que se quisesse onipotente, é possível, de acordo com Lacan, definir o masculino e o feminino pelas maneiras distintas pelas quais os sexos se relacionam ao falo como significante da falta.

Um homem é um ser para quem vale a conjunção das duas seguintes proposições: "Para todo *x* PHI(*x*)" e "Existe um *x* tal que não PHI(*x*)". Isto traduz na lógica das funções proposicionais o mito freudiano de *Totem e tabu*, que diz que o que funda para um homem sua capacidade de ser um homem é o aceitar ser concernido pela castração, e isto vai junto, no inconsciente, com a certeza de que pelo menos um, o pai da horda primitiva, não o era, castrado, porque gozava de todas as mulheres. No mito, os irmãos em conjunto mataram o pai onipotente, estando sua solidariedade de homens fundada sobre o recalcamento comum deste assassinato. Lacan relê o mito, mostrando que a certeza delirante da onipotência se limita do interior pelo recalcamento que ela sofre: no inconsciente subsiste a idéia de que pelo menos um não é castrado, mas isto permite aceitar que os homens efetivos o sejam, isto é, que o que os torna homens seja marcado pela falta. Do ponto de vista lógico, uma função proposicional universal se liga a uma proposição particular existencial, que nega

[4] J. Lacan, *O Seminário*, livro XX: *Mais, ainda*, Paris, Seuil, 1975, p. 73. A presente leitura das "fórmulas da sexuação" segue-se a uma discussão com Patrick Guyomard, num seminário do Colégio Internacional de Filosofia, em janeiro de 1994.

a precedente. A passagem da onipotência do princípio do prazer à limitação do princípio de realidade se faz por esta transação.

Lacan transforma portanto a noção aristotélica de contradição, que consistia em excluir dos encadeamentos de proposições válidas a sucessão de uma proposição universal afirmativa e de uma particular negativa. Não se tem ao mesmo tempo: todos os homens são mortais e Sócrates é não-mortal. Para um lógico, o critério da contradição é precioso porque permite excluir uma consecução de proposições que liga por uma implicação uma proposição universal afirmativa e uma particular negativa. Uma tal polícia da linguagem é menos fácil de estabelecer quando se trata da oposição de duas qualidades contrárias: tal homem pode ser ao mesmo tempo jovem e velho, isso depende da maneira pela qual, e do momento em que o predicado é afetado ao sujeito. Os critérios quantitativos da universalidade ou da particularidade do sujeito lógico não serão suficientes então para constituir encadeamentos proposicionais válidos. Para Aristóteles, saber o que excluir é saber o que admitir como verdadeiro. Lacan, por sua vez, admite como verdadeiras duas proposições contraditórias, enquanto descrevem rigorosamente o compromisso que se instaura no sujeito, e que o divide entre um resíduo de crença e o reconhecimento da sua castração. Ele acrescenta além do mais que a sabedoria popular vê de modo mais rigoroso que o lógico na matéria, quando ela enuncia que a exceção confirma a regra. Ele avança portanto que a solidariedade regrada entre uma universal afirmativa e a particular negativa que a contradiz dá conta do que o pensamento deve ao processo da castração. Deste ponto de vista, pode-se fazer de Sade um lógico muito bom: porque, como vimos, ele instala a exceção do gozo de um só como o que faz jogar a universalidade da regra por sua própria violação. Não se trata portanto somente, para Lacan, de mostrar que se pode colocar a castração em fórmulas lógicas, enquanto ela determina a identidade sexual; trata-se também de mostrar que a lógica carrega a marca dos paradoxos da sexuação. Entre a lógica e a psicanálise, as relações que Lacan instaura são mútuas. Por outro lado, do ponto de vista clínico, trata-se de mostrar que toda realização de desejo para um homem está do lado deste que viola "excepcionalmente" uma lei, único meio de assegurar aí a validade geral...

Do lado mulher, a mesma instauração do princípio de realidade se resume pelas fórmulas seguintes: "Não existe *x* tal que não PHI(*x*)", acoplada a "não é para todo *x* que PHI(*x*)". Esta fórmula se lê: "Não existe nenhuma mulher que não tenha relação com a função fálica." Esta proposição é conjugada com esta outra: "Não é tudo, de uma mulher, que está ligado com esta função".

Isto corresponde também à idéia de que as mulheres não são marcadas pela castração a propósito de tudo; algo do que as faz mulheres joga-se no excesso com relação a esta determinação, que entretanto lhes concerne também. Ou seja: uma mulher está "não-toda" na função fálica. Este uso da negação que modifica o quantificador universal é um desvio de Lacan em relação a Frege[5], porque este último propôs que a lógica só retivesse as negações que pesassem sobre a função proporcional em si, e não sobre um termo. Ao mesmo tempo, Lacan acrescenta uma nota que suscitou comentários chocados ou admirados, segundo o caso: as fórmulas que resumem a posição feminina, não fazendo intervir positivamente um quantificador universal, implicariam que *A mulher não existe*, *A mulher* em geral é uma fórmula desprovida de sentido, o que significa ao mesmo tempo que para um homem, por exemplo *Don Juan*, mesmo que as mulheres sejam *mille e tre*, elas não formam uma classe, e que as mulheres não se inscrevem no universal, que é entretanto a própria modalidade do pensamento. Nunca as mulheres são capazes de dizer em que consiste, universalmente, sua posição de mulher; elas são excluídas da natureza das coisas, que é a natureza das palavras[6], em excesso com relação ao Simbólico, que supõe o uso das funções proposicionais providas do quantificador universal. Quer se louve este excesso que instala o feminino sobre uma borda próxima de uma posição mística, quer se o deplore, porque implica que as mulheres não possam pensar-se elas mesmas, isto não diminui o fato de que, entre as mulheres e o universal, Lacan instaura não-relação. Estas afirmações fazem seqüência àquelas de Freud, que chegou a escrever que as capacidades sublimatórias das mulheres são limitadas, pois aos trinta anos a mobilidade dos deslocamentos pulsionais e das substituições de objetos se congelaria para elas na seqüência suposta imutável e quase natural: *faeces*, pênis do pai, criança... Os partidários das "fórmulas da sexuação" fazem observar que não se trata absolutamente de desconsiderar as mulheres, que além do mais as fórmulas concernentes ao feminino fazem intervir proposições existenciais que têm outras propriedades lógicas além de aprisionar os sujeitos concernidos no fechamento do universal, que além disso as mulheres inscrevem-se parcialmente na função fálica, que, mais ainda, um indivíduo biologicamente homem pode se inscrever numa posição mulher, e um indivíduo biologicamente mulher na posição homem, nada adianta. Lacan, de uma maneira que não poderia ser indiferente às propostas da presente obra,

---

[5] G. Frege, "Pesquisas lógicas: 2, A negação", em *Escritos lógicos e filosóficos*, trad.: Cl. Imbert, Paris, Seuil, 1971, p. 19 e seg.

[6] *Mais, ainda*, p. 68.

disjunta mulher e universalidade. A questão é, no momento, saber se e como a crítica que apresento da noção de universal se inscreve neste debate.

Para isto, convém primeiramente compreender em que sentido, em Lacan, a sexuação é assunto de lógica. Pois, se se trata unicamente de descrever uma dissimetria com relação à questão fálica, talvez não fosse necessário ter recorrido à posição diferente dos homens e de uma mulher no universal. Tendo recorrido à lógica, Lacan, em *O aturdito*[7], propõe primeiramente, com efeito, a descrição do paradoxo em que consiste a existência sexuada, através apenas dos recursos às sutilezas gramaticais e retóricas: "O homem não é sem tê-lo, a mulher é sem tê-lo." Esta é a fórmula brilhante e complexa pela qual ele define o que é a sexuação. Esta frase joga com a dissimetria, através de uma dialética sutil do ser e do ter que gira em torno de um termo já geral, como quererá ser o *PHI*, mas reduzido aqui a um pronome pessoal alusivo e elidido. Por outro lado, "não ser sem", esta expressão coloca em questão a lógica da atribuição por uma negação que alivia o peso ontológico do verbo "ser", indicando assim que o que define a sexuação escapa a toda determinação ontológica, e portanto, sem dúvida, a uma lógica do tipo aristotélico. Mas vê-se bem em que a expressão continua insatisfatória: pois, do lado feminino, a sexuação aparece ainda como ligada ao ser, e este odor de naturalismo não podia satisfazer a tese lacaniana, de acordo com a qual a sexuação subverte a ontologia de que o pensamento ocidental permanece tributário desde os gregos. O recurso à lógica, e mais particularmente à lógica de Frege, que rompia com a ontológica aristotélica, permite a Lacan radicalizar sua proposta.

O número em Frege e o traço unário em Freud

O empréstimo feito por Lacan ao lógico Frege se deu em dois tempos: nos anos 1961-1962, o seminário ainda inédito sobre *A identificação* fazia comparecer que, para pensar o sujeito do inconsciente, formado por uma série de identificações a traços vindos do Outro, que Freud nomeou de traço unário, *einziger Zug*[8], era útil referir-se à filosofia do número, de Frege: este último, com efeito, nos *Fundamentos da aritmética*[9] examina "Algumas opiniões sobre

---

[7] J. Lacan, *O aturdito*, em *Scilicet*, Paris, Seuil, 1973, p. 5 e seg.

[8] S. Freud, "Psicologia das massas e análise do Eu", trad.: P. Cotet, A. Bourguignon, J. Altounian, O. Bourguignon e A. Rauzier, cap. VII: "A identificação", Paris, Petite Bibliothèque Payot, 1981.

[9] G. Frege, *Fundamentos da aritmética*, trad.: Cl. Imbert, Paris, Seuil, 1969, p. 158 e seg.

a unidade e sobre o um". Ele põe fim, neste texto, a uma confusão que sempre afetou a noção de número, desde Euclides até Leibniz inclusive, que consiste em não distinguir duas significações da unidade: pressupõe-se erradamente que 1 é ao mesmo tempo o primeiro dos números inteiros e uma unidade que intervém na formação de todo número da série dos números inteiros. Ora, esta confusão, em aritmética, entre o primeiro dos números e a lei de composição de um número qualquer faz do número uma unidade interna, no modelo de um sujeito lógico provido de propriedades que são seus atributos: neste sentido, escreve Frege, *"uma* cidade deveria entender-se como homem sábio". A falta de rigor na definição do nome advém do fato de que se faça aderir os próprios seres matemáticos à lógica da predicação. Ora, "a delimitação, a indivisão, a insecabilidade não podem servir para caracterizar o que nós exprimimos pela palavra "um"... É preciso distinguir um e unidade. A palavra "um", enquanto sendo o nome próprio de um objeto dos matemáticos, não pode ser posta no plural. Portanto, é desprovido de sentido querer fazer nascer os números pela reunião de vários "uns". O signo + em 1 + 1 = 2 não pode significar uma tal reunião". Distinguir-se-ão, portanto, os atributos de um ser e as propriedades de um conceito. "Dar um número é enunciar alguma coisa de um conceito" e, deste ponto de vista, 0 é um número, o que as antigas definições não podiam reconhecer. "Quando digo: "Vênus tem 0 lua", não existe nenhuma lua ou agregado de que se poderia enunciar alguma coisa, mas se atribui ao conceito "lua de Vênus" uma propriedade: a saber, a de nada subsumir. Se digo: "a carruagem do imperador é puxada por quatro cavalos", é ao conceito "cavalo que puxa a carruagem do imperador" que atribuo o número quatro."

Estes exemplos célebres são decisivos, pois trata-se de nada menos que romper com a idéia de que a linguagem diria o ser graças à função de ligação do verbo "ser". Não se trata somente de fazer notar que um número não é uma propriedade como qualquer outra; trata-se, ao isolar o número e redefini-lo, de repensar, como se vê, todas as pretensões de nossa linguagem: faz-se desaparecer, na descrição lógica das inferências válidas, os verbos "ser" e "ter", portadores de uma ilusão ontológica. Distinguir-se-ão daí por diante dois tipos de proposições, que serão tratadas diferentemente, segundo se as proverá do valor de verdade *Verdadeiro* ou do valor de verdade *Falso*. É por isso que Frege só mantém como negação aquela que pesa sobre a proposição inteira, que permite distinguir estas duas espécies de proposições, as negações caindo sobre termos que conferem ao negativo um alcance enganador. Não se terá mais mesmo que dizer: "é verdadeiro que ou é falso que...". Um signo escrito bastará para marcar esta diferença e para afastar as ilusões ligadas ao uso do verbo "ser" e da negação.

Num primeiro tempo, portanto, Lacan se interessa de modo prevalente, sempre citando o pensamento de Frege em sua coerência de conjunto, pela reflexão sobre o número e sobre a unidade. Pois, na identificação em psicanálise, há um fenômeno de contagem do sujeito que implica um esgotamento de seu "ser": o sujeito é contado como um por um traço decisivo que lhe vem do Outro. Este traço resulta do fato de que o sujeito teve que perder seus primeiros objetos de amor incestuoso, e de que ele se torna o que resta desses objetos, ou ainda o que, do Outro constituinte, o marcou; ele se torna idêntico a tal ou tal traço do Outro. Da mesma forma que o número não é mais concebido por Frege como uma unidade interna, o sujeito não é mais concebido por Lacan como um ser, mas como traços que inscrevem o que lhe vem de outro lugar além dele mesmo, no que ele pensa ser o mais "ele mesmo". O sujeito não é um "mesmo", se ele se constitui por identificações; o unário não é o um. Ele interdita o total, o unificado. Contrariamente, ele se anuncia nas repetições que escandem a vida de um sujeito, como o que ele tem de "semelhante a nenhum outro", de *einzig*, como dizia Freud. O recurso à teoria fregeana do número permite a Lacan, em 1961-1962, assegurar esta idéia de que o sujeito que se forma na relação do inconsciente e do consciente é uma função e não um ser, melhor do que o fazia a teoria do significante sozinha. Além do mais, em 1961-1962, Lacan insiste sobre a escrita: na identificação, o sujeito do inconsciente toca no que funda a lógica, pois, no traço unário, trata-se de uma inscrição, logicamente anterior a todo efeito de significância.

A sexuação como função proposicional, a quantificação, a existência

Num segundo tempo, a referência a Frege servirá para pensar não somente a identificação, mas "o que faz suplência ao que não cessa de não se escrever na relação sexual". A relação sexual não libera qualquer determinação por si mesma, mas a escrita da relação dos sexos ao falo faz suplência a esta impossibilidade teórica que é o efeito, no pensamento, do mal-entendido em que consiste a sexualidade humana. O pensamento *leva em conta* esta experiência de inadequação, pelo que se pode escrever da relação dos sexos ao falo. Trata-se bem de levar em conta, com efeito, pois esta transformação da lógica, que escreve a existência em lugar de falar o ser, longe de descartar os critérios de quantidade nos julgamentos, reforça-os e redefine sua importância. Quando

Frege substitui o sujeito e o predicado da lógica antiga por um outro recorte elementar das proposições, o qual distingue função e argumento, tudo muda na proposição: mesmo que o sujeito e o predicado pudessem ser termos gerais, variáveis, numa função proposicional os termos são gerais numa outra acepção. A função é a posição de uma relação: o argumento, que contém uma variável, completa a função, e à função se articula o conceito, que se define como a função que tem para todo argumento um valor de verdade. Por exemplo, 2x + 1 é uma função, e 2x + 1 = 0 um conceito que recebe, para todo valor da variável, um valor de verdade. Em matemática, esta última se chama uma solução da equação. Mas, na lógica que se apóia nesta matemática para redefinir a língua natural, a solução se torna o valor de verdade. Mesmo que tudo mude, de uma proposição predicativa a uma função proposicional, nos dois casos o lógico dá um papel importante à categoria da quantidade. Aristóteles distinguia a quantidade do sujeito de um julgamento; Frege define o quantificador das funções proposicionais na nova lógica. Uma consideração de quantidade intervém mesmo três vezes nesta lógica: de um lado, os argumentos colocam em jogo variáveis que representam termos universais; por outro lado, a noção de extensão de um conceito introduz o número na diferenciação do Verdadeiro e do Falso, porque há dois valores de verdade, e dois somente, para um conceito que se define a partir de uma função. Finalmente, nós o vimos a propósito dos exemplos "0 lua" e "quatro nobres cavalos", Frege não falará mais da existência senão passando pela quantificação: "Afirmar a existência nada mais é que negar o número zero."[10] A função referencial da linguagem se dobrará, em Frege, a este princípio de não admitir uma relação das palavras com as coisas a não ser pelo viés da quantificação (salvo para os nomes próprios, que são constantes lógicas).

O que é que poderia interessar a Lacan neste desenvolvimento? Esta tentativa de redefinir de maneira drástica a existência lhe pareceu apta a dissolver as ilusões ontológicas, que não mais se ligam somente à identificação, mas ao encontro dos sexos enquanto não fazendo relação, se não for pelo que disso podem escrever, na falta de uma verdadeira relação dos sexos, as posições sexuais que tomam o falo como função.

No seminário ainda inédito sobre *A lógica do fantasma*, e particularmente durante as aulas de 12 e 19 de abril de 1967, Lacan situa o ato sexual da

---

[10] *Ibid.*, p. 180. Sobre o alcance deste texto para a filosofia e para a psicanálise, ver Cl. Imbert, "Para uma estrutura da crença", em *Nouvelle Revue de psychanalise. A crença*, Paris, Gallimard, 1978, nº 18, outono de 1978, p. 143 e seg.

seguinte maneira: ele enuncia primeiramente que não há relação sexual. Isto quer dizer que o sujeito, no ato, não encontra o objeto do seu desejo que o outro lhe parece encobrir. Este objeto nunca pode ser o instrumento de uma completude, de que o ato sexual seria, graças ao outro, a experiência, pois representa muito mais a parte do sujeito que é inassimilável a ele mesmo, que o encontro sexual confirma em seu caráter de inassimilável pela parte de insatisfação que comporta sempre, e que é simbolizada pela tumescência e detumescência do pênis para os dois sexos. Este objeto confronta o sujeito ao que, dele mesmo, lhe escapa, constituindo-o, o objeto dito "a". Que o objeto seja causa do desejo implica que seja interno à estrutura do sujeito. Nenhum outro poderia, propriamente falando, dá-lo, mesmo que o ato sexual disso mantenha a ilusão. É aqui que a questão da "não-relação sexual" se resume à da identificação: Lacan afirma que o objeto "a" não está ligado somente ao ato sexual, mas a um outro ato, diretamente em relação com o inconsciente, e que se radicaliza na transferência, a saber, a repetição. Ora, o objeto que causa o desejo e anima as repetições, onde o sujeito age aquilo que não pode dizer, reenvia ao traço unário, isto é, à marca traumática deixada pelo outro na estrutura do seu desejo. Este objeto, sempre determinando *a priori* os encontros amorosos de um sujeito – pois "um outro só é real se parece conter este objeto" –, é, de acordo com Lacan, recoberto pela ilusão de união e de ser, de que é portador o ato sexual. Ao contrário, ele pode aparecer como tal nos destinos sublimatórios da pulsão, esses que renunciam à satisfação sexual direta e deixam perfilar-se nas produções do sujeito a épura do objeto, constituinte e inassimilável. No pensamento lacaniano, a insatisfação sexual – o ato nunca satisfaz absolutamente o desejo – é o fenômeno de que a teoria da repetição e da não-relação sexual dá conta. Isto implica também, metapsicologicamente, que não se possa dizer que o sexo fala: o inconsciente fala do sexo, mas o sexo em si não é o inconsciente. No encontro dos corpos sexuados, a identidade sexual de cada um dos parceiros só se acha pelo que falha, e que reenvia cada um a seu desejo: "Se a relação sexual existisse, seria isto que ela quereria dizer: que o sujeito de cada sexo pode tocar algo do outro no nível do significante, eu entendo que isto não comportaria no outro nem consciência nem mesmo inconsciente, simplesmente acordo." É a desfazer esta ilusão que Lacan se dedica: o termo sexualidade significa que justamente o sexo não fala, mesmo que o material significante do inconsciente seja sexual. E, do ponto de vista da relação dos sexos, isto implica que o referente dos sexos seja não-encontrável, não há essência do masculino e do feminino que o ato sexual completaria. Pode-se discutir certos aspectos desta teoria lacania da não-relação sexual[11], mas, para nossa presente proposta, é conveniente captar bem em que ponto de uma teoria da clínica psicanalítica intervém a crítica da ontologia e, mais precisamente, o recurso à quantificação na escrita das fórmulas da sexuação.

No seminário inédito de 1971-1972, intitulado *...Ou pior...*, mas também nos textos publicados como *O aturdido* ou *O Seminário*, livro XX: *Mais, ainda*, Lacan tenta expor em que uma escrita, que toma o masculino e o feminino nas redes da quantificação, pode dar conta do "que não cessa de não se escrever" na relação dos sexos.

A primeira coisa que interessa a Lacan, nós o vimos, é que tratar da relação dos sexos em termos de função e de argumento permite conjugar um julgamento universal e um julgamento existencial, que é seu contraditório, para descrever a posição homem. A mesma função, modificada por uma negação que pesa primeiramente ao mesmo tempo sobre o quantificador existencial e sobre a função, depois sobre o quantificador universal ("não-todo"), permite descrever a posição mulher. Pode-se circunscrever por estas fórmulas que os dois sexos não entram em relação sob o modo de uma complementariedade, se bem que se determinem por relação a uma mesma função, a função dita fálica. Mas é decisivo também que, em sua conjunção que não faz relação, o masculino e o feminino sejam aqui funções; há homem e há mulher, ou preferencialmente há uma mulher (porque *A mulher* não existe) sem que aí se trate de essência. Lacan joga aqui com os harmônicos da palavra "função", particularmente na descrição do lado homem: o julgamento existencial, sem garantia no ser, pelo qual um homem se destaca da universalidade dos homens, descreve o aspecto arriscado, excepcional do ato pelo qual um homem se coloca como homem. É graças à exceção que formaliza o existencial, diz ele, que há o Um – a ser dito: "Aí há o Um" – ou ainda "Umaí" ["*Unien*"], que se distinguirá, portanto, do unário do traço identificatório... É se tomando sempre bem ou mal pelo pai da horda, embora saiba por outro lado que todos os homens são castrados, que um homem é homem. Por outro lado, a polissemia das fórmulas, na leitura proposta por Lacan, permite compreender que se reúnem a problemática do objeto-causa do desejo, que faz com que pelo menos um homem escape da universalidade dos homens tomados como conjunto, e o mito do pai, isto é, o do pelo-menos-um que não era castrado. O julgamento existencial corresponde, portanto, à função particularizante do objeto, que é o único ele-

[11] Ver Monique David-Ménard, "O que a psicanálise muda no ato sexual. O leito do amor e o leito da análise", em *O ato sexual, Revista internacional de psicopatologia*, n° 19, Paris, PUF, 1995, p. 383 e seg.

mento que faz com que o homem escape à tautologia do universal. Esta última reenvia aqui ao narcisismo da função fálica que reúne os homens. (Notar-se-á além do mais, em Lacan, que a expressão função fálica tem um sentido contraditório de acordo com os contextos, como se ela remetesse às duas proposições da posição "homem", ao mesmo tempo.) A interpretação das fórmulas do lado homem é então a seguinte: somente as aventuras particularizantes de seu desejo por mulheres que encarnam o que, dele mesmo, não pode se refletir no simbólico, fazem do homem um homem. Portanto, o que formaliza o julgamento existencial negativo seria a escapada única para fora do universal, que define um homem como elemento de um conjunto; *um* homem existe por sua maneira de fazer exceção com relação ao que o aprisiona no universal do masculino, isto é, que o aprisiona no narcisismo do amor, que não deixa ao outro nenhuma transcendência.

Para adiantar isto, Lacan se autoriza de uma observação de Frege, que reinterpreta por sua conta. Segundo Frege, os julgamentos universais são puros possíveis: "Certamente, à primeira vista, a proposição *Todas as baleias são mamíferos*" parece pesar sobre animais e não sobre conceitos. Mas que se pergunte de que animais se fala, não se poderia mostrar nenhum."[12] Numa proposição existencial, pelo contrário, diz-se que se tem sob a mão um homem, e que ele é tal ou tal. Neste ponto, Frege "corrige" Aristóteles, para quem a proposição universal, caracterizando seres capazes de inteligibilidade interna, tinha uma dignidade maior que a particular. Com a lógica das funções não se pode mais falar de ontologia, mas antes de referência[13], e as universais são condicionais, elas não implicam nada de referencial. O privilégio, em Lacan, do existencial "que diz não à função fálica" está ligado à sua tentativa de conceber a posição homem como um ato, sem garantia no ser mas inaugurando uma existência.

Ao contrário, quando Lacan diz "A mulher não existe", ele não exprime somente que ela não se define como universal no que tem de feminino, mas também que sua posição sexuada não é um ato que se escreveria como o que faz exceção a uma regra. Certamente, ela está em excesso com relação à universalidade de uma determinação simbólica, mas este excesso não a faz passar à existência; a negação "não-toda" não se refere a um ato, ela remete mais a um enigma, de que Lacan afirma a necessidade... A Mulher, enigma para si mesma e para os homens.

---

[12] G. Frege, *Fundamentos da aritmética*, op. cit., p. 176, e J. Lacan, *O aturdito*, p. 7.

[13] Sobre as leituras possíveis de Frege, cf. Ali Benmakhlouf, *Gotlob Frege, lógico, filósofo*, Paris, PUF, 1997.

Será certamente preciso avessar as coisas, dizendo que é porque os homens têm necessidade de colocar o feminino no lugar do enigma que são levados a dizer, em espelho com relação a eles mesmos, que as mulheres se acham numa posição de excesso com relação ao simbólico, incapazes de dizer de que é feito seu gozo. Este último só parece aos homens tão misterioso porque não tem como alavanca o único gozo representável para eles, do qual seu sexo é o emblema. Será necessário para nós em breve chegar à consideração das fórmulas da sexuação como a formalização de um fantasma masculino, o que não é absolutamente sem interesse, mas que não nos leva muito mais longe que a idéia de Kant, segundo a qual as mulheres não têm o sentido do dever, nem experimentam culpabilidade, que elas não são morais senão quando a moralidade lhes parece bela. Ao escrever o que faz suplência à não-relação sexual, Lacan pensou encontrar uma formulação desta não-relação que fosse indene ao que ele descrevia, a saber, a sexuação. Sem dúvida isso aí fracassou. Mas não há urgência em criticar Lacan, se queremos compreender de que são feitos os prestígios e as virtudes do universal, e as razões de seu admirado recurso a Frege.

Até onde um psicanalista pode ser lógico?

Observemos primeiramente que a interpretação que Lacan dá de sua ideografia da sexuação não responde aos estritos requisitos da determinação de um modelo em lógica. Ele bem mais superpõe de modo aproximativo uma teoria do simbólico e do objeto às notações de sua língua formal. Mas esta não é em si uma crítica invalidante, pois este formalismo faz pensar.

Em contrapartida, no uso do termo universalidade, uma ambigüidade subsiste sobre o caráter de conjunto ou totalizante deste "todos os homens" ao qual se refere o "para todo (*x*)". De um lado, esta descrição da não-relação entre mulher e homem gira sempre em torno de um único termo, o falo; de outro, ela não se livra completamente dos prestígios no entanto denunciados da totalização: no seminário *...Ou pior...*, de 17 de maio de 1972, Lacan insiste primeiramente sobre a diferença entre o Um da atribuição e o que ele nomeia de o Um da diferença, mostrando como as funções proposicionais evitam o idealismo da filosofia, ligado à atribuição: efetivamente, uma proposição como "o homem é bom" é a ocasião de uma questão sobre a capacidade do sujeito de responder verdadeiramente a seu atributo. A filosofia platônica encontra aí sua partida: "Acha-se, além do mais, sempre suficientemente razão para mostrar que a este atributo ele é capaz de não responder, de experimentar uma fraqueza em preenchê-lo." A gramática grega incita, pela atribuição, ao confrontamento entre o sensível e seu modelo ideico [*idéel*], doravante ideal. A verdade de um sensível está em sua participação imperfeita no inteligível que o funda. Contrariamente, numa função proposicional, o conceito é construído de tal maneira que é pelo número que se responde à questão da verdade: "Quando se trata de articular sua conseqüência, este Um de diferença tem, como tal, que ser contado no que se enuncia do que funda, que é conjunto e que tem suas partes. O Um de diferença não somente é contável, mas deve ser contado nas partes do conjunto." Portanto, Lacan sente bem que o conceito e a função proposicional fazem intervir o número não somente na quantificação do argumento, mas também na relação das funções com o valor de verdade. E que, nesta mesma medida, os conjuntos que definem as funções não são para se conceber como totalidades, que seriam unificadas por um atributo essencial. O Um que aparece com o quantificador existencial – existe um que diz que *PHI*(*x*) não é a verdade – é um Um de diferença, justamente porque ele se conta, e o fato em que consiste o julgamento tem como valor de verdade o Verdadeiro. Por que então Lacan acrescenta: "Pois, bem entendido, isto não diminui o fato de que a relação *para todo homem* é o que define o homem, aí atributivamente como *todo homem*: O que é este todo ou estes todos, o que é *todos os homens* enquanto fundam um lado desta articulação de suplência, é de onde retomaremos..."? Curiosamente, neste momento de pensamento, somente o Um da proposição existencial é chamado Um de diferença, o quantificador universal do segundo julgamento que caracteriza o masculino parece menos estritamente submetido aos princípios fregeanos, e retoma um todo mais clássico em seu estilo. Trata-se de um hápax? Não, no célebre texto do ano seguinte, *O aturdito*, Lacan acrescenta, insistindo sobre o fato de que na reprodução humana a vida reproduz a questão do que é o sexo: "É a partir daí que se deve obter dois universais, dois *todos* suficientemente consistentes para separar nos seres falantes – que, por sê-lo, acreditam-se seres – duas metades tais que não se embrulhem demais na co-iteração quando aí cheguem."[14]

Este texto, mais acabado na formulação que o seminário ...*Ou pior*..., é absolutamente notável. Pois aí se circunscreve o que motiva o retorno de uma concepção do universal pré-fregeano e pré-teoria dos conjuntos na reflexão lacaniana sobre a sexuação. Por seu caráter imperativo, esta frase lacaniana indica como se ligam dois aspectos da sexuação, que são talvez menos solidários do

---

[14] *O aturdito*, p. 12.

que ele afirma. Pois finalmente, analisar uma não-complementaridade das relações sexuadas poderia ser o objeto de uma teoria do mal-entendido sem que os sexos fossem teoricamente separados em dois todos. Tudo o que Lacan adianta sobre a exceção à lei da castração para definir a posição homem, e tudo o que adianta sobre o "não-todo" para definir a posição mulher, repousa na idéia de que a análise de uma falha essencial na relação sexual suporia que se constituam como prévias duas metades que são todos. Mas por que é preciso não pensar a não-relação senão pressupondo que os sexos são todos? Em que o fato de que haja duas maneiras de falhar a relação sexual, de acordo com a formulação do *Mais, ainda*[15], implica uma consideração de totalização de cada uma destas maneiras, que é daí em diante suposta formar uma metade que é um todo? A questão, que ele evoca, de saber se há de fato, em toda sociedade, tantos homens quantas mulheres e a consideração teórica do número dos humanos a ser repartido entre estas duas maneiras de falhar a relação sexual são verdadeiramente indispensáveis, como diz Lacan, para a análise da não-relação? E é isto dar-se conta da importância da quantificação em Frege, quando se dá um modelo psicanalítico da lógica deste último? De fato, na frase citada de *O aturdito*, o "se deve" introduz não somente uma repartição, mas também um incondicionado que se desenvolve, como em Kant, e sem maiores justificações em Lacan como em Kant, num universal serial suposto formar uma totalidade. Mais precisamente, o imperativo "se deve" tem aqui uma dupla significação: é uma possibilidade teórica, um imperativo hipotético, no sentido kantiano do termo, no que a quantificação das funções permite pensar melhor a sexuação como repartição entre dois termos. Mas há outra coisa neste "se deve": há o imperativo categórico de se determinar como homem ou como mulher quando se é um humano; este imperativo é categórico no que não se escapa a uma tal obrigação, que tem um caráter prático, no sentido kantiano do termo, porque ela substitui uma impossibilidade teórica na determinação de uma essência dos sexos. Secundariamente, a repartição pode ser tratada como uma necessidade no quadro de uma lógica bivalente; não há terceiro sexo possível, mesmo que a sexualidade infantil possa forjar todas as espécies de representações fantasmáticas sobre os sexos e sua relação com a existência de crianças.

---

[15] *Mais, ainda*, p. 53 (sempre da edição francesa).

Lacan com Kant

Há aí, com efeito, uma configuração análoga àquela do imperativo categórico kantiano: era porque não havia essência do Bem moral prévia à determinação pela lei que esta obriga incondicionalmente; e Kant comenta esta incondicionalidade ao "instalar" o incondicionado da liberdade no lugar desta totalidade pensável mas não-conhecível, que é a idéia de mundo. O efeito teórico produzido por esta metáfora é a representação do mundo moral como um todo formado pelas vontades racionais, que o filósofo nomeia de reino dos fins. Lacan efetua uma construção análoga: é porque não há determinação essencial do sexo nos humanos – os dados biológicos e culturais deixam sempre um resto que nossos fantasmas elaboram – que estes fantasmas, longe de serem deixados na indeterminação do imaginário, são enquadrados pela obrigação de ter que escolher entre dois sexos. A sexuação enquanto obrigando a escolher entre dois sexos, e enquanto não dispondo senão de um significante, o falo, para disfarçar o que esta diferença tem de ininscritível, faz apelo, para Lacan, ao recurso à lógica bivalente de Frege, que permite além do mais dar conta do caráter a-ontológico desta escolha obrigatória. Mas, devido ao seu duplo sentido, esta obrigação permanece pensada por Lacan em termos kantianos, como se as duas metades que ele evoca viessem no lugar de uma determinação essencial do sexo, que não é encontrável em psicanálise, como era não-encontrável na cosmologia kantiana o conhecimento do mundo. A analogia que subsiste, em Lacan, entre o incondicionado da lei moral e o incondicionado da sexuação tem como efeito impor a representação dos sexos como "duas metades que são todos", representação que tem sem dúvida o mesmo estatuto metafórico que o reino dos fins em Kant... Conseqüentemente, a reforma esperada com o apelo a Frege para pensar a sexuação como função interrompe-se a meio-caminho, pois uma noção pré-fregeana da totalidade "trabalha" sob a quantificação.

A ideografia da sexuação está, de fato, na confluência de dois gestos filosóficos, ou antifilosóficos, como ele gostava de dizer, de Lacan: o apelo feito a Frege se conjuga com a lembrança da leitura de Kant. O "se deve obter dois universais, dois todos suficientemente consistentes..." não explicita senão um desses componentes, aqueles feitos à Frege: porque há uma homologia entre a bivalência dos valores de verdades e a bivalência das posições sexuais entre as quais se repartem os humanos.

O fato de que não haja terceiro termo em matéria de sexo, de que a escolha se imponha entre o masculino e o feminino, assemelha-se à noção de bivalência dos conceitos em lógica: um conceito é uma função cujo valor é sempre um valor de verdade, isto é, seja o Verdadeiro, seja o Falso. Mas, em Frege, não se segue que o Verdadeiro e o Falso sejam duas metades analisáveis como todos. Quando acontece ao lógico deparar-se com esta questão, implicada efetivamente por um dos usos que ele faz da quantificação, Frege hesita; de fato, ele é menos afirmativo que Lacan: "Poder-se-ia dizer também", ele declara, "que julgar é distinguir partes no seio do valor de verdade. [...] A cada sentido ao qual corresponda um valor de verdade, se poderia associar uma certa maneira de dividir o valor de verdade. Mas é preciso dizer que eu emprego o termo "parte" de um modo bem particular. Eu transpus a relação da parte ao todo, de uma proposição em sua denotação, e chamo a denotação de uma palavra parte da denotação de uma proposição quando a palavra é ela mesma parte da proposição. Ora, esta maneira de dizer é contestável [...]. Seria conveniente inventar uma expressão melhor adaptada."[16] Frege explicita os problemas colocados pelo fato de fazer do valor de verdade a denotação de uma expressão, e que isto implica a consideração da proposição como um todo que tem partes, determinação que ele não pensa de imediato segundo as regras que está definindo. As armadilhas da totalidade esperam o lógico que quer retraduzir a língua natural em funções proposicionais, e ele o diz. Mas Lacan é menos prudente: o tema da repartição dos humanos em duas denotações de proposições – homem ou mulher, como verdadeiro ou falso – transforma-se sob sua pena num imperativo; a necessidade teórica da repartição é suposta fazer ato do imperativo incondicionado da escolha, sem que se interrogue sobre a natureza desta colocação em correspondência. Mas, como conseqüência, os sexos são chamados de "duas metades que são todos", sem que isto tenha sido justificado.

Sobre um outro ponto de importância, o recurso a Frege encontra, ao mesmo tempo que um verdadeiro interesse, um limite que Lacan não explicita: a concepção das relações entre as palavras e as coisas não pode ser a mesma para um lógico e um psicanalista. Isto é verdade em geral, mas especialmente quando o lógico é alguém que pensa o conteúdo lógico de um pensamento desconsiderando por princípio toda consideração do sujeito que concebe. Frege interessa-se exclusivamente nos "pensamentos sem portador"; e sua polêmica com toda

[16] Avançando um pouco no pensamento do feminino, nós poderíamos nos guardar de reconduzir teses inteiramente concluídas sobre a relação suposta evidente do materno com o feminino, que Lacan não questiona: "Neste gozo em que não está toda, isto é, que a faz um pouco ausente dela mesma, ausente enquanto sujeito, ela encontrará a rolha deste *a* que será seu filho" (*Mais ainda*, p. 36).

forma de psicologismo, mesmo o de Husserl, é conhecida. Se não se trata senão de confrontar lógica e psicanálise, parece a princípio que isto não seja incômodo: o sujeito da psicanálise, escreve Lacan, é o sujeito da ciência, a ser entendido como o sujeito que decai da formação das ciências modernas, que é ao mesmo tempo produzido por elas e deixado por sua conta... até que a psicanálise o apanhe, se poderia dizer. E é instrutivo constatar que Freud e Frege, que trabalham no mesmo momento, se excluem, mesmo que sejam partes de um mesmo processo epistêmico. Por exemplo, cada um deles publicou um artigo sobre a negação, nos anos 1920. Mas é um ponto sobre o qual esta epistemologia concordatária, de acordo com a expressão que Georges Canguilhem aplicava a Bachelard, não se sustenta: para um psicanalista a realidade não é aquilo sobre o que trabalha uma linguagem, embora ele respeite a sintaxe e a semântica de uma língua bem feita. Viu-se esta questão aparecer, quando Lacan retoma a distinção fregeana das proposições universais, que não são senão condicionais, e das particulares, que têm uma referência. Se o princípio de realidade se define como uma modificação interna do princípio do prazer, é possível fiar-se, em psicanálise, unicamente na proposição particular – a existencial negativa – para assegurar que ela tem por referência um sujeito real, diferente de um puro possível universal? Em psicanálise, nunca se toma como uma evidência a relação de uma proposição com uma realidade. Examina-se como é que, nesta proposição, se organiza um desejo, e como se limita a onipotência deste desejo. Unicamente esta limitação, que se serve dos recursos do discurso para se efetuar, assegura uma relação do fantasma com a realidade. Em psicanálise a relação com a realidade é ganha por um processo: ela não é o simples correlato de um poder referencial da linguagem que seria uma virtude espontânea. Para dizer as coisas de outro modo, os recursos pelos quais se pode localizar a relação de um sujeito ao que é outro que a onipotência dos seus desejos são múltiplos. A organização lógica do discurso não é por si mesma uma garantia suficiente de que um sujeito saia do caráter alucinatório do desejo, que se realiza no sonho, mas também em outras formas de pensamento. Esta saída tem como condição que se inscreva, no trabalho e nas regras da formação dos sonhos, dos sintomas, na retórica e no estilo dos discursos, o "fato" de que foram perdidos certos objetos que são representados como tendo proporcionado outrora uma satisfação. Talvez a teoria psicanalítica possa se unir pontualmente à lógica mostrando o que pode a proposição existencial para descrever teoricamente o masculino. Mas a divergência entre a análise dos discursos efetuada geralmente pelo lógico e pelo psicanalista é o que faz valer o interesse do encontro deles em certos pontos.

O que uma mulher não pode não saber concernente à função fálica

As fórmulas da sexuação têm um grande interesse, se se trata de sugerir pistas de pesquisa nesta questão paradoxal da diferença dos sexos: o masculino, diz Lacan, só sai da tautologia do fálico colocando-se em exceção, o que corresponde, na clinica da vida amorosa, à única saída do narcisismo do amor que é a determinação por um objeto, causa do desejo, mas reencontrado num(a) outro(a). Uma mulher, pelo contrário, não está em posição de exceção a uma regra, mesmo se, enquanto mulher, ela não é senão parcialmente determinada pelo objeto, e só parcialmente tomada na problemática fálica. Lacan sustenta que ela está em relação com o que falta no Simbólico, mas de tal maneira que não pode dizer nada disso, porque justamente sua afinidade com este ponto de falha do Simbólico como Outro a coloca fora do discurso.

Portanto, bem poderia ser que uma mulher seja não fora do discurso, mas difícil de inscrever nas fórmulas da sexuação, que são como que talhadas sob medida para formalizar certos aspectos da sexualidade masculina. Que o amor sexuado seja a experiência de uma dissimetria e de uma impossibilidade de definir as identidades sexuais em termos de essência, que esta dimensão da experiência atravesse não somente a existência mas também o pensamento, mesmo o mais formal ou o mais conceitual, sobre estes pontos fundamentais Lacan ousou, depois de Freud, ir mais longe. Mas, em matéria de descrição do ponto de impossível que polariza o encontro dos sexos, ele sem dúvida fracassou em fazer do feminino outra coisa que o limite interno do masculino. As fórmulas da sexuação sofrem elas mesmas desta tautologia que Lacan descreve como característica da posição masculina na universal afirmação do falicismo, com seu suplemento contraditório. E isto tem como conseqüência que a expressão "não-toda na função fálica" não trabalhe nele sobre nenhuma posição diferente[17]. Uma posição feminina, em lugar de se perfilar no horizonte como um mais-além do fálico sem determinação outra que negativa, não pode ser pensada como posição sexual, isto é, relativa à direção que busca no fantasma, senão com a condição de concernir a outra posição sexuada, de se definir por esta relação, mas sem ser o reflexo negativo desta última. O "não-toda na função fálica" é preferencialmente um de outro modo que um mais-além; e este de outro modo não deixa intacta esta função fálica "ela mesma", isto é, tal como ela se pensa no fechamento do universal, cuja única saída concebível é um ponto de fuga indeterminável. O que define uma mulher, ou as mulheres como

[17] M. David-Ménard, "A identificação histérica", em *As identificações*, Paris, Denoël, 1987.

tais – a existencial ou a universal, aqui pouco importa, o importante é que não se tratasse do indefinido *A mulher*–, o que define um mulher, portanto, é que no gozo ela não pode não saber que o pênis não é o falo. Uma mulher não pode partilhar da certeza da sua unidade, que caracteriza tanto os homens com quem ela tem a ver quanto a posição teórica de Lacan nas fórmulas da sexuação. E isto, não porque haveria um mais-além do falo, quer seja ou não dizível, mas porque a própria experiência de uma relação sexual que, com efeito, não é relação, implica para uma mulher a disjunção entre pênis e falo. Ela é dependente do pênis como objeto erótico, mas a experiência mesma da sua dependência no registro do objeto faz com que ela não possa tomar o pênis pelo emblema do simbólico. O recobrimento do falo com o pênis, sobre o qual é construído o pensamento lacaniano nas fórmulas da sexuação, cai por aí mesmo. Além do mais, a dependência de uma mulher do objeto-pênis é muito específica em si: na medida em que falo e pênis coincidem, isto é, na medida em que ela permanece enamorada de seu pai de modo incestuoso, o objeto não é para uma mulher aquilo que cai do simbólico, ainda menos o refugo do simbólico, como é o caso do objeto *a* lacaniano. E quando ela se distancia do incesto, o pênis de um homem a quem está ligada não é mais elevado à dignidade de representante da ordem simbólica. É por isso que eu dizia que no gozo sexual uma mulher descobre que o pênis não é o falo.

Retomemos por um instante o sonho do qual parti, no primeiro capítulo da presente obra, e que é somente um exemplo dentre muitos outros, que poderiam fazer aparecer a mesma coisa[18]. A maneira pela qual uma mulher simboliza as dificuldades próprias do seu desejo não se resolve, com efeito, principalmente pelo dispositivo nomeado castração: a possibilidade de fazer o luto de um objeto de amor não pede emprestado o cenário do que se deve perder como parte de corpo para que uma renúncia a um objeto seja representável. E o sonho, eu dizia, imagina o pior, fazendo de uma separação necessária a espera de uma morte terrível; a culpabilidade que vinha à luz na relação com a filha da sonhadora era inicialmente sem limite, como se a relação infeliz com um homem mobilizasse primeiramente uma vergonha de existir que nenhuma lei poderia limitar. A única coisa que vinha limitar esta experiência de decadên-

---

[18] Estas formulações devem ser comparadas com outras, em particular as de M. Montrelay, em *A sombra e o nome*, Paris, Minuit, 1977, p. 77-81, e "A sexualidade feminina", em *Enciclopaedia Universalis*, 1984; também com as de Monique Schneider, em "A parte da sombra", Paris, 1992, *passim*.

cia e de perdição era o humor de uma substituição que, no próprio material da culpabilidade – a sonhadora saía a dar voltas de carro, abandonando sua filha à morte –, substituía por um homem provido de carro o homem que não o tinha, e que a "cansava". O que me reterá neste sonho agora tem um duplo aspecto: de um lado, a prova imposta pela relação atual com um homem remete a paciente a uma perdição que concerne à relação com uma outra mulher, aqui uma criança, mas poderia ter sido também a mãe da paciente, como em outros sonhos. De outro lado, o objeto "carro", se faz referência ao atributo de um homem através da expressão associada "ter um belo", não confunde pênis e falo: os homens figuram aqui pelo atributo masculino deles, que diz suficientemente daquilo que a paciente tem pavor de perder com seu amante, e do que ela espera reencontrar, mesmo que pela magia de um sonho. Mas a mola simbólica do sonho não advém deste registro do objeto. Ela advém de uma capacidade de imaginar o cenário do pior; nada faz referência neste processo a um apoio fálico, que resumiria o acesso ao Simbólico. Pelo contrário, é por referência aos impasses ligados ao feminino e tecidos com a referência ao objeto carro e pênis que a falta se torna representável. O gozo que esta mulher tem que perder, que ela experimentava portanto com seu amante, e que a torna efetivamente dependente de um homem no gozo sexual, e a seguir na separação, não é o que Lacan nomeia de gozo fálico, porque não é este pênis transformado em falo significante da falta que seria, como o quer a teoria, o operador do trabalho de luto. Temos a ver aqui com um investimento direto das substituições de objeto, portanto do Simbólico, ou antes, com um investimento que não se nomeará como direto a não ser que se o compare com o dispositivo masculino da castração, no qual o pênis, vindo a representar o que se deve perder simbolicamente para sair do incesto, serve então ao mesmo tempo de emblema da simbolização e de suporte imaginário dos deslocamentos e substituições de objetos eróticos[19].

As fórmulas da sexuação são interessantes quanto a que seu formalismo permitir dar uma outra interpretação do "não-toda" que aquela imaginada por Lacan – porque o sentido surge do imaginário – quando ele situava o feminino na ourela do que concebia para o masculino. O "não-todo" entende-se tam-

---

[19] Que a relação do objeto e do Simbólico esteja disposta de modo diferente no feminino e no masculino, permitiria abrir uma discussão com as teses de Alain Badiou, que construiu sua filosofia do amor como procedimento genérico a partir da estrita distinção lacaniana do amor e do desejo, cf. Alain Badiou, "O amor é o lugar de um saber sexuado?", em *O exercício do saber e a diferença dos sexos*, sob a direção de G. Fraisse, M. David-Ménard e M. Tort, Paris, L'Harmattan, 1991. Este texto foi retomado, e transformado, sob o título "O que é o amor?", em *Condições*, Paris, Seuil, 1992.

bém da seguinte maneira: uma mulher, precisamente porque ela não é sem conhecer o gozo fálico, não pode não saber que o pênis de um homem que a faz gozar não é o falo. Certo, ele a faz sonhar e desejar, mas não é para ela provido de todos os poderes simbolizantes que este homem do qual ela depende lhe atribui. A simbolização do que é para ser representado como podendo ser perdido segue caminhos substitutivos diferentes que, no decurso de uma análise ou na vida amorosa, não têm este estatuto de enigma que Lacan lhes atribui. Quando se trata de poder gozar e de poder perder, a simbolização não coloca necessariamente uma mulher em relação com o ponto de falha do Outro que, ao mesmo tempo, a situaria fora do discurso. A posição mística para uma mulher é sem dúvida apenas uma das estratégias simbolizantes, aquela que responde especularmente ao que esperam delas certos homens, não todos... Isto tem alguma conseqüência, porque se trata de reconhecer que o falo não é o emblema de todo acesso à simbolização do desejo.

Se se aceita a idéia de que uma fórmula escrita pode receber várias interpretações, se observará ao mesmo tempo que a nova interpretação do "não-toda", pelo simples fato de existir, contesta que a interpretação lacaniana do feminino como enigma seja uma verdade, independente de uma posição sexuada de seu autor. Uma mulher não é um enigma por ela mesma, mesmo que ela não possa ser imaginada como tal senão do ponto de vista do homem; e a ideografia não põe fim a este fato de que haja duas versões da não-relação sexual: ao confundir, como faz talvez necessariamente um homem, pênis e falo, Lacan inscreve uma dependência das mulheres com relação ao Simbólico, que consistiria neste fato de que elas seriam enquanto mulheres indefiníveis no simbólico. Mas, se há dependência, do lado do feminino, isto diz respeito muito mais à relação com o pênis como objeto do que à relação com o falo. Com efeito, ao descrever os trajetos próprios das experiências de perda, de perdição e de substituição de objetos do lado mulher, não se faz da sexualidade feminina uma entidade independente de sua relação com o masculino. Lacan tem razão em dizer que o feminino não é uma natureza, mas ele não é por isso um mais-além do masculino, nem uma posição sexuada menos marcada pelo objeto "a" e diretamente em relação com o que falta ao Outro. Trata-se bem mais de que a relação com o objeto e com o Simbólico, para uma mulher, é mais distinta que para um homem, na medida em que uma parte do que ela tem que representar-se como perdido só secundariamente concerne a sua relação com o masculino; na medida em que também, no registro do objeto, a dependência em que ela se acha com relação ao pênis colore diferentemente a função do objeto: para Lacan, o objeto da pulsão é o que desfaz e destitui a idealização das figuras do Outro no amor. Como tal, mesmo quando este objeto é fenomenologicamente aproximado num encontro, à semelhança dos objetos fascinantes que cativavam Alcebíades em Sócrates, o essencial é que ele divide o sujeito e causa seu desejo. Na sexualidade feminina, igualmente, o objeto divide o sujeito; o que faz gozar uma mulher aparece como sendo encontrado no outro, mas correspondendo ao que é o mais inassimilável e, entretanto, constituinte dela mesma. Mas o pênis de um homem vem representar este objeto um tanto diferentemente, por exemplo, do objeto "seio" para um homem: a identidade do pênis e do falo corresponde à manutenção dos investimentos incestuosos para uma mulher e, neste registro, o Simbólico permanece erotizado, erotização que a posição fálica dos parceiros masculinos perpetua. Por um outro lado, se há um acesso do feminino ao Simbólico, é a partir da dissociação do objeto-pênis e do falo e da transformação das "experiências do pior" ligadas ao feminino por intermédio do materno.

São, portanto, todo o dispositivo das relações entre os objetos e o enganchamento do sujeito no simbólico, as modalidades da distinção entre amor e desejo também, que diferem no feminino daquilo que são no masculino ou na teoria do masculino.

Se nos ativermos às diversas interpretações concebíveis do "não-toda na função fálica", seremos então levados a dissociar esta idéia lacaniana daquela segundo a qual A mulher não existe: as mulheres existem a partir desta experiência de que, no gozo, uma mulher não pode não saber que o pênis não é o falo. Para um homem, a confusão entre o pênis e o falo é de princípio, e a experiência do objeto não coloca em causa esta identidade postulada. Para uma mulher, pelo contrário, é a própria relação com o objeto que torna caduca esta equivalência; ela não a postula senão do ponto de vista dos investimentos incestuosos que a ligam a um pai e de seu cuidado em não perturbar os postulados de que se sustentam os homens, como se fossem eles verdades universais, indenes ao fantasma. No registro do objeto, a erotização da dependência se apresenta diferentemente, mesmo que seja verdade, nos dois sexos, que o objeto é o que causa o desejo e que, assim fazendo, coloque o sujeito em face do que o divide. Isto somente é acentuado de forma diferente para uma mulher, porque o pênis de um homem representa para ela aquilo de que ela depende: ele nunca é o que a faz gozar sem condensar aspectos decisivos daquilo que a torna desejante. Mas esta dependência com relação ao pênis não recobre a virtude simbolizante atribuída ao falo de fazer aceder à perda. O erótico e o simbólico, aqui, não confundem seus trajetos.

Não tem o mesmo sentido, para uma mulher e para um homem, afirmar que não há relação sexual, isto é, que o amor não é a "*parousia*" do Outro[20], nem a experiência de uma completude e de uma complementariedade dos sexos. Um homem comenta por aí sua relação com o objeto, que o faz sair do narcisismo fálico. Uma mulher comenta por esta fórmula a experiência da dissociação entre pênis e falo. Ela não pode não saber que o que ela espera do homem na problemática fálica a decepcionará, porque o pênis não é o falo, e que lhe acontecerá de todo modo, mesmo numa experiência feliz, de ter que simbolizar sozinha, ou por outras vias, a parte da sua vida sexual à qual o falo não poderia dar forma.

Interpretando diversamente o que faz Lacan a propósito do "não-toda na função fálica" que figura nas fórmulas da sexuação, o que se viu foi que eu não fiz mais referência à questão do universal, nem para caracterizar duas metades que seriam todos, nem para evocar a serialidade dos objetos do desejo. Ao mesmo tempo, fiz referência a processos de substituição de objetos através dos quais os humanos dos dois sexos se representam o que é ser homem ou mulher na experiência de ter que buscar, abandonar, perder e reencontrar aquilo que poderia fazê-los gozar. Esta correlação não é por acaso: para uma mulher, no momento de pensamento que é o nosso, o pensamento não se define primeiramente pela universalidade do que enuncia ou escreve, mas pelo processo de destacamento de um enunciado com relação à posição subjetiva do seu enunciador – a universalidade do pensamento assim produzida não sendo mais que uma conseqüência deste processo. Há também uma relação entre o fato de que, no gozo sexual, uma mulher não pode não saber que o pênis não é falo e o desenvolvimento teórico que reavalia o conceito de universalidade. Com efeito, como vimos, a simbolização do que é para ser perdido não coincide com a problemática do objeto, embora as fórmulas da sexuação pressuponham sua coincidência pelo recobrimento do falo e do pênis. O recurso ao quantificador universal e a idéia de que é preciso obter dois todos situados distintamente com relação a este último são solidárias desta unificação.

Mostra-se então que o presente trabalho é parte componente do problema por ele colocado, e não poderia justamente sair ileso: nenhuma formulação teórica que pense os paradoxos da sexuação poderia ser sobranceira ao problema que ela elabora, nem mesmo graças a uma ideografia. E isto porque o conceito

---

[20] J. Lacan, *Mais, ainda,* op. cit., pp. 39-46.

de universal em si, assim como suas diversas enformações, não sai ileso desta articulação. Na teoria, levar este fato em consideração autoriza que se situe um pensamento que se define como universal como um pensamento que se destaca, por um trabalho textual específico, do que o requer na ordem pulsional. O que diferencia um texto filosófico de um texto literário ou do relato de um sonho é a maneira pela qual os enunciados filosóficos são empregados para desconhecer este destacamento em obra. O que caracteriza a filosofia é esta recusa, às vezes bem-sucedida, do laço sempre ativo entre pulsão e pensamento. Recusa bem-sucedida na ordem conceitual, que se paga com uma violência[21] – talvez com um assassinato de si – que a passagem ao conceito realiza. Mas o assassinato de si não anula o êxito conceitual. Não convém recuar de horror diante dos sistemas filosóficos, sublinhando até que ponto eles repousam numa recusa de si. É exato que uma tal recusa está operando na exposição de sua sistematicidade mesma. Mas isto não invalida a ordem de verdade conceitual que eles produzem, pois, em virtude mesmo do caráter eminentemente substituível dos objetos pulsionais, os objetos de um pensamento podem ser outros que sexuais no sentido estrito. A sexualidade se investe no que não é ela. O paradoxo da filosofia é que este investimento possa ser trabalhado como uma exclusão do laço ativo entre pulsão e pensamento. Mas o processo fantasmático, quando se torna passível de leitura, não suprime a heterogeneidade do trabalho conceitual que contribui para produzir.

[21] Quando Monique Schneider mostra que a passagem à teoria universal do Édipo, em Freud, é solidária de uma recusa de certos elementos decisivos da sua infância, ela convence. Sem dúvida, no campo da psicanálise, onde a teoria é mais diretamente relacionada com a posição subjetiva do seu autor, pode-se concluir que a teoria do Édipo é falsa. Mas isto não basta para que se conclua que toda teoria universal seja falsa; cf. "O universal e seus humores", em *A razão e suas razões, Io, Revista internacional de psicanálise*, Érès, 1993, p. 33 e seg.

CONCLUSÃO

O Pensamento É Sexuado?

Aquilo que é sexuado, no pensamento, é o ponto de enganchamento entre o fantasma e o conceito, é o processo pelo qual todo pensamento se elabora a partir de uma posição subjetiva e se destaca, o destacamento tendo que ser pensado como uma modalidade da transição. Este processo não surge simplesmente da história ou da gênese de um pensamento; não nos poderíamos contentar em dizer que o sujeito está presente na gênese e ausente do resultado do pensamento. Antes, a colocação em evidência das articulações entre fantasma e conceito, que estão sempre presentes num texto e numa escrita, desde que esta escrita se leia e se interprete[1], obriga bem mais a que se critique a oposição muito simples entre a história e a estrutura. Quando se está atento às vias de transição entre um fantasma e um conceito, define-se um pensamento pelo processo de seu destacamento com relação às pulsões que animam o pensador, não por sua universalidade. Um pensamento é sem dúvida universal, mas não é interessante defini-lo por sua universalidade, pois, se se o faz, não se pode mais conceber como um pensamento destaca-se de seu autor. A consideração do universal apaga aqui o próprio processo de sua produção. Quando um pensamento se define pela universalidade, ele realiza um ato sem dizê-lo, o apagamento da articulação entre fantasma e conceito, que entretanto está atualmente operando no que ele é como construção. Dizer que um pensamento se constrói, quer seja ele conceitual como o de Kant ou Lacan, visual como o de da Vinci, literário como o de Sade, ou onírico como o de um sonho, é prestar

[1] Este é igualmente o contexto da relação entre a escrita de uma lei em física teórica e sua leitura, cf. Françoise Balibar, "Traduzir, diz ela... A tradução, um assunto de mulheres?", em *O exercício do saber e a diferença dos sexos, op. cit.*, pp. 63-75.

atenção aos pontos que, neste pensamento, se apresentam com um caráter de contingência: pois nada é dedutível na maneira pela qual um conceito desloca as tramas pulsionais, Kant teria dito sensíveis, sobre a base das quais ele se constrói. Por exemplo, o princípio kantiano segundo o qual "Ninguém pode saber *a priori* que representação será acompanhada de prazer e qual de aflição", que faz corpo com a oposição das determinações patológicas e racionais da vontade, desloca os fantasmas melancólicos que comandam a antropologia kantiana – nada é constante no sensível...[2] e transforma objetos que podem interessar nossa sensibilidade numa série que os torna equivalentes a todos do ponto de vista da lei que desvaloriza suas diferenças. A construção conceitual da *Crítica da razão prática* é solidária deste gesto que apaga sua própria contingência pela afirmação vitoriosa da universalidade do Fato da razão. Inversamente, quando cessamos de negligenciar as transições entre fantasmas e conceitos, de que o texto é a colocação em obra, a universalidade auto-proclamada do edifício teórico chamado "razão prática" aparece como uma construção cuja pertinência é solidária de alguns pontos cegos na ordem conceitual. Mostrou-se que o mesmo se dava, em estética, para a transição entre a satisfação desinteressada e o universal sem conceito. Mesmo, e sobretudo, num pensamento que se apresenta como universal, há afirmações não justificadas pelo registro conceitual que se expõe; e esta não-justificação, esta incapacidade de um pensamento racional em justificar tudo por si mesmo representa a abertura da sua fecundidade[3], pois os fantasmas que o sustentam, transformando-se graças ao deslocamento de objetos, que a gramática, o estilo, a lógica e a inventividade do dispositivo conceitual permitem, lhe conferem o que tem de construído[4]. Os pontos de articulação entre fantasmas e conceitos, ou entre pulsões e conceitos, implicam uma certa con-

---

[2] A psicanálise, no fundo, tem por objeto mostrar que há uma constância na vida sensível. Que o que caracteriza um sujeito humano é a lei segundo a qual os objetos de seu desejo são determinados. Que o seja sem o conhecimento do sujeito não infirma, mas confirma esta determinação *a priori*. Kant e toda tradição das filosofias do desejo tinham, portanto, confundido determinação e mestria pelo sujeito do que o determina.

[3] Esta afirmação deve ser confrontada com os trabalhos de Didier Vaudène sobre o não-sabido na estrutura das teorias científicas, cf. "Escrita e formalização (um efeito de finitude ordinária)", *Cesura*, nº 10.

[4] Comparar-se-á a presente acepção da palavra "construção" com o que Eitenne Balibar nomeia de universal ficcional, e que é uma das três dimensões da universalidade que ele distingue, cf. "Universalidade ambígua", em *Diferenças: um diário de estudos culturais feministas*, nº 7/1 (1995). A versão francesa apareceu com o título "Os universais", em Etienne Balibar, *O temor das massas*, Ed. Galilée, 1997, pp. 421-454.

tingência no pensamento que lhe confere justamente seu aspecto de intermediário entre uma arquitetônica e uma bricolagem. Como dizia Kant, ou como disse mais proximamente Deleuze, pensar racionalmente é arquitetar problemas. Estes problemas, quando são conceitualmente trabalhados, têm uma inteligibilidade partilhável, porque transformam questões subjetivas, que o pensador não escolhe ter que pensar, em dispositivo conceitual, onde podem ao mesmo tempo convergir e se desconhecer outros arranjos fantasmáticos. Esta transformação e este desconhecimento são o que está em jogo do trabalho de leitura dos textos filosóficos. A teoria lacaniana das fórmulas da sexuação responde às mesmas regras de formação: seleção de uma antropologia de saída, que privilegia certos aspectos da substituição do objeto na sexualidade masculina, re-trabalho da questão do incondicionado pela confrontação de Kant com Sade, e com o mito fundador de Freud em *Totem e tabu,* apelo feito a Frege para pensar a identificação e formalizar as posições sexuadas a partir deste dispositivo. Afirmação, enfim, da universalidade do dispositivo conceitual, que apaga as modalidades de sua construção[5].

Coloca-se a questão de saber se a concepção de pensamento que apaga a articulação entre fantasma e teoria, declarando a universalidade do pensamento, é em si mesma masculina, e se a concepção do pensamento que dirige a atenção para as transições entre fantasma e teoria é em si mesma feminina. Uma tal tese resultaria em naturalizar ou em essencializar novamente a sexuação e a compreender mal como a sexuação dos humanos que pensam intervém na abertura de um campo de pensamento. Aquilo que de uma identidade sexual se investe no pensamento não consiste em nenhuma tese ou determinação fixada de uma vez por todas. A sexuação do pensador determina a escolha dos pontos de contingência num sistema, e o modo de seu recobrimento parcial pela sistematicidade da construção. Esta contingência faz ao mesmo tempo o caráter injustificável de um sistema de pensamento e sua fecundidade; e esta articulação é possível justamente porque o masculino e o feminino, que não são determinações de essência, se buscam e se fixam, sempre provisoriamente, nos postulados de um sistema ou, mais exatamente, nas proposições que o próprio sistema não pode reconhecer como contingentes quando elabora o espaço de pensamento que ele abre.

No entanto, não é por acaso que sejam mulheres, ou homens perversos mas criadores, que fazem aparecer os pontos injustificados de uma construção

[5] Esta é também a orientação da leitura das fórmulas da sexuação de Michel Tort, em "O diferente", em *Simbolizar, psicanalistas*, nº 33, Revista do Colégio de Psicanalistas, 1989, pp. 9-16.

racional constituída. Não é por acaso que o presente estudo lê Kant um tanto diferentemente de como se o leu até aqui, as leituras canônicas tendo sido feitas por homens. É que, para uma mulher que lê Kant – mas isto valeria para muitos filósofos –, mesmo que intelectualmente a coerência do seu pensamento apareça, esta coerência não faz necessidade. Se o momento da universalidade, num pensamento, assinala o ponto de rasura mais agudo da articulação entre fantasma e conceito, compreende-se bem que sejam mulheres que, antes de tomarem por favas contadas a universalidade proclamada da razão, façam aparecer a preço de que negligências concernentes às suas próprias operações o pensamento pode se expor como universal. Não é portanto por acaso que são muito mais as mulheres, ou homens cuja identidade sexual dificilmente escoa nas construções oficiais que descrevem a posição "homem", que insistam sobre os pontos de transição entre fantasma e conceitos num pensamento racional.

Não se pode, ao mesmo tempo, definir um pensamento pela universalidade de seus conceitos e estar atento aos processos de destacamento de seus conceitos com relação aos contextos pulsionais que ele transforma. Estas duas empreitadas são exclusivas uma em relação à outra, e fantasmas são investidos na escolha necessária e inconsciente de um destes métodos de pensamento. O que torna necessário, para alguns sujeitos, fazer aparecer a dimensão do pensamento que se chamará de destacamento em obra significa, não que a universalidade de um pensamento seria falsa, mas que ela não é senão conseqüência. Pois os ditos sujeitos precisam reabrir uma questão que os filósofos do universal fecham e descrever os procedimentos efetivos do pensamento, que diferem da imagem que o pensamento se dá dele mesmo. Mas, uma vez descrita, esta articulação entre fantasma e conceito não é, não mais que o conceito de universal, masculina ou feminina. Porque a realidade do sexual é a-ontológica, ela produz efeitos nos registros de pensamento e de experiência onde não figura mais como tal[6]. É sempre provisoriamente, portanto, que uma tese filosófica, ou o enunciado de um problema aparece como específico de uma problemática masculina ou feminina, contudo este provisório é ineliminável. A sexuação se inscreve no pensamento conceitual como a necessidade de uma contingência.

[6] Sobre os paradoxos da diferença dos sexos na ordem dos conceitos, cf. Geneviève Fraisse, *A diferença dos sexos*, Paris, PUF, 1996, particularmente os capítulos 4, 5 e 8.